WEKA

PRAXISLÖSUNGEN

Sekundarstufe I und II

Dr. Dieter Bührig

Musik unterrichten:

Das Fremde im Vertrauten

Über das Wechselspiel musikalischer Einflüsse

IMPRESSUM

Bibliografische Information Der Deutschen Bibliothek
Die Deutsche Bibliothek verzeichnet diese Publikation in der Deutschen Nationalbibliografie; detaillierte bibliografische Daten sind im Internet über http://dnb.ddb.de abrufbar.

Wichtiger Hinweis:
Die WEKA MEDIA GmbH & Co. KG ist bemüht, ihre Produkte jeweils nach neuesten Erkenntnissen zu erstellen. Deren Richtigkeit sowie inhaltliche und technische Fehlerfreiheit werden ausdrücklich nicht zugesichert. Die WEKA MEDIA GmbH & Co. KG gibt auch keine Zusicherung für die Anwendbarkeit bzw. Verwendbarkeit ihrer Produkte zu einem bestimmten Zweck. Die Auswahl der Ware, deren Einsatz und Nutzung fallen ausschließlich in den Verantwortungsbereich des Kunden.

WEKA MEDIA GmbH & Co. KG
Sitz in Kissing
Registergericht Augsburg
HRA 13940

Persönlich haftende Gesellschafterin:
WEKA MEDIA Beteiligungs-GmbH
Sitz in Kissing
Registergericht Augsburg
HRB 9723
Geschäftsführer: Lutz Bandte, Niklas Friedrichsen,
Werner Müller, Werner Pehland

WEKA MEDIA GmbH & Co. KG
Römerstraße 4, D-86438 Kissing
Fon +49.82 33.23-40 04
Fax +49.82 33.23-74 00
kundenservice@weka.de
www.weka.de

Umschlag geschützt als Gebrauchsmuster der
WEKA MEDIA GmbH & Co. KG
Satz: Satzstudio 90 (A. Kretschmer), Wittelsbacher Straße 18, D-86556 Kühbach
Druck: Offset Druckerei Pohland, Partnachweg 1, 86165 Augsburg

Printed in Germany 2007

ISBN-10: 3-8276-6959-6
ISBN-13: 978-3-8276-6959-9

Vorwort

Kissing, im Februar 2007

Das Fremde im Vertrauten
Über das Wechselspiel musikalischer Einflüsse

Liebe Leserin, lieber Leser,

bereits auf dem AfS-Bundeskongress für Musikpädagogik 2002, der unter dem Motto „Musikkulturen – fremd und vertraut" stand, wurde darauf hingewiesen, dass „der Blick auf fremde Kulturen den Blick für die eigene Kultur schärft" *(aus dem Vorwort der Herausgeber der Kongressdokumentation. AfS-Jahrbuch 2003, Oldershausen 2004 S. 7)*. Seitdem ist deutlich geworden, dass der Blick gar nicht in ferne Kulturen schweifen muss, um Fremdes zu erleben. Oft steckt ein Schuss Fremdes bereits in dem, was wir bereits als Eigenes akzeptiert haben. Unter dem Motto **Musik fremder Welten** habe ich Ihnen in diesem Band interessante Unterrichtsbausteine zusammengestellt, bei denen das **Verhältnis von Fremdem und Eigenem** recht eng ist.

Der erste Beitrag thematisiert eine in **Lateinamerika** besonders beliebte Tanz- und Musikrichtung, die „Bachata", die sich zunehmend auch bei unseren Jugendlichen der Beliebtheit erfreut. Die Unterrichtseinheit über das auch bei uns bekannte Lied „Bella ciao" führt uns nach **Italien**. Sie vernetzt ein Lied mit dessen historischem Umfeld, was zu einer erstaunlich neuen Sichtweise führt. Wer assoziiert **Spanien** nicht mit der verführerischen „Carmen"? Mitreißende Rhythmen, reiche Melodik und tänzerische Elemente machen die Faszination dieser genialen Opernkomposition aus, die ein dritter Beitrag behandelt.

Eine weitere Frau hat die Phantasie und die Neugier der nachfolgenden Generationen gleichermaßen angeregt wie Carmen: Kleopatra. Bei dem Versuch, die **ägyptische Musik zur Zeit Kleopatras** kennen zu lernen, soll aufgezeigt werden, welche Musikinstrumente damals zum Einsatz kamen. Die nächste Sequenz lädt uns ein in die **Welt des gallischen Opferkultes**, in dem Druiden, Barden und Priesterinnen eine herausragende Rolle spielen, in Bellinis Oper „Norma". Wissen Ihre Schüler, dass die Lebenswelt von Asterix und Obelix der der Druidentochter Norma und des von ihr geliebten römischen Prokonsuls entspricht? Der letzte Beitrag schweift nun wirklich in die Ferne, **ins Reich der Mitte**, in die Welt der chinesischen Prinzessin Turandot. Er geht dem Aspekt des „Fremden" in der Oper weniger in der Behandlung des Sujets als im praktischen Nachvollzug der speziellen Kompositionsstrukturen nach. Entführen Sie Ihre Schüler also in eine fremde Welt, die ihnen doch eigentlich sehr nahe ist!

Viel Spaß und Erfolg beim Einsatz in Ihrem Musikunterricht!

Mit freundlichen Grüßen aus Kissing,

Dr. Dieter Bührig

Dr. Dieter Bührig
Herausgeber

Inhaltsverzeichnis

Konzeption und Benutzerhinweise

Symbole

Die Themen sind in unterschiedlicher Tiefe dargestellt, welche durch ein entsprechendes Symbol gekennzeichnet ist.

Einführend: Es handelt sich um eine Unterrichtssequenz, mit der ein Thema eingeführt werden kann.

Vertiefend: Diese Unterrichtssequenz bietet sich an, um ein Thema vertiefend zu behandeln.

Fächervernetzend: Hier werden konkrete Vorschläge gegeben, wie das Thema auch mit anderen Unterrichtsfächern kombiniert werden kann.

Der Stoff kann auf diese Weise jahrgangsübergreifend eingesetzt werden. Der Unterricht kann ferner auf das jeweilige Klassenniveau abgestimmt werden.

Persönlicher Stil der Autoren

Die Broschüre enthält Unterrichtssequenzen verschiedener Autoren mit unterschiedlicher Prägung. Alle Autoren sind Lehrkräfte und haben ihre Unterrichtserfahrung in verschiedenen Bereichen gesammelt. So kann sichergestellt werden, dass die vorgeschlagenen Modelle erprobt sind. Das Anliegen des Herausgebers, persönlichen Stil der Autoren nicht zu sehr einzuschränken, ist sicherlich erkennbar. Eine Angleichung ist lediglich in der Struktur der Beiträge erfolgt, um die Nutzung zu erleichtern.

Jeder Beitrag ist nach der folgenden Gliederung aufgebaut:

- Fächerübergreifender Unterricht
- Ziele und Absichten
- Unterrichtsverlauf
- Hinweise
- Materialien

Den Unterrichtssequenzen sind Arbeitsblätter als Kopier- bzw. Folienvorlagen beigefügt.

Medieneinsatz

Viele Arbeitsblätter sind auch auf der beiliegenden Multi-Media-CD enthalten und können somit individuell bearbeitet und angepasst werden. Aus urheberrechtlichen Gründen sind leider nicht alle Arbeitsblätter auf der CD enthalten. Wir bitten hier um Ihr Verständnis.

Ihre Meinung ist gefragt

Gerne reagieren wir auf Ihre Wünsche und Anregungen. Für Ihre Vorschläge und Ihre Kritik haben Herausgeber und Redaktion jederzeit ein offenes Ohr. Sie erreichen uns auch per E-Mail unter redaktion-schule@weka.de

Nehmen Sie bitte Kontakt mit uns auf, wenn Ihnen eine Unterrichtseinheit besonders gut gelungen ist und für eine Veröffentlichung geeignet scheint.

Nutzung der CD-ROM

Allgemeines

Um Ihnen den Umgang mit der CD zu erleichtern, haben wir nachfolgend ein paar wichtige Informationen und Tipps aufgeführt:

Installations- und Programmhinweise

Die Programmoberfläche wird immer auf der Festplatte installiert, um einen reibungslosen Programmablauf zu gewährleisten. Die Programmoberfläche benötigt ca. 14 MB Speicherplatz und wird automatisch aktualisiert.

Die Daten können wahlweise auf die Festplatte kopiert oder auf der CD-ROM belassen werden. Der benötigte Speicherplatz auf der Festplatte ist individuell vom Umfang des Produktinhalts abhängig.

Installation Starten Sie WINDOWS, ohne dass eine andere Anwendung aktiviert wird (keine Programme im Autostart). Starten Sie das Installationsprogramm (Setup.exe) auf der CD-ROM.

Technische Daten
Betriebssystem: WIN 98/ME,XP, Windows NT 4.0/2000
System: Pentium-Prozessor
32 MB RAM (Arbeitsspeicher)
Grafik: 16 Bit Darstellung mit 65536 Farben

Programmstart

Wenn Sie die Pfade nicht verändern, können Sie die Software über den Startbutton (links unten) starten:
Start/Programme/WEKA Software.

Hier gibt es dann zwei Möglichkeiten:

1. Musiksammler Hier finden Sie alle Produkte, die Sie aus dieser Reihe installiert haben unter einer Oberfläche zusammengefasst. Das hat für Sie den Vorteil, dass Sie in allen Produkten suchen können.
   Sollte der Sammler nicht installiert sein, kann es sein, dass Sie bei der Installation folgenden Dialog mit „Nein“ beantwortet haben. Dann starten Sie die Installation erneut.

2. Musik unterrichten/Musik unterrichten
   Wenn Sie mehrere Produkte aus dieser Reihe installiert haben, öffnet sich hier nur das Einzelwerk.

Freischaltung der CD

Diese CD ist mit einem Freischaltcode geschützt. Die Freischaltung erfolgt über den Menüpunkt Extras/Freischaltcode. Dort wählen Sie das Produkt aus, das Sie frei schalten wollen, und geben den Freischaltcode, den Sie in beiliegendem Codenummer-Umschlag finden, ein.

Programmbedienung

Ausführliche Informationen finden Sie auf der CD-ROM unter „Wie arbeite ich mit der CD“.

Service

Kundenservice
Haben Sie Fragen, Wünsche, Anregungen? Nehmen Sie einfach Kontakt zu uns auf, wir helfen Ihnen gern weiter.

Fon 0 82 33.23 – 40 04
Fax 0 82 33.23 – 74 00
E-Mail: kundenservice@weka.de

Technische Hotline
Für den Fall, dass Sie im Umgang mit unserer Software Probleme haben oder sonstige Fragen zum Handling auftreten, wenden Sie sich einfach an unseren eigens eingerichteten Hotline-Service:

Fon 0 82 33.23 – 73 21
Fax 0 82 33.23 – 72 36
E-Mail: Hotline.Management@weka.de

Herausgeber und Autoren

Herausgeber und Autor

Dr. Dieter Bührig

- Jg. 1943, Studienrat am Katharineum Lübeck (altsprachliches Gymnasium) für die Fächer Musik und Physik
- zunächst Studium und Abschluss als Diplomingenieur der Elektrotechnik an der TU Berlin und parallel dazu als Diplomtonmeister an der HfM Berlin; mehrere Jahre als Tonmeister in der Schallplattenindustrie tätig (zur Zeit analoges 8-Spurtonstudio im Keller, digitales 8-Spurtonstudio neben dem Schreibtisch)
- danach Aufbaustudium im Fachbereich Schulmusik an der Musikhochschule Lübeck und Staatsexamen als Studienrat für Musik und Physik
- langjähriger Fachleiter für die gymnasiale Musiklehrerausbildung
- zahlreiche Publikationen in der Fachliteratur mit den Schwerpunkten: Chorarbeit, aktuelle didaktische Grundfragen, Urheberrechtsprobleme, Chorarrangements, neue Medien, MIDI-Anwendungen, Rock- und Popmusik, Projektarbeit, Autor von Schulbüchern und Mitarbeiter an Fachlexika
- Leiter und Referent vieler regionaler und nationaler Fortbildungsveranstaltungen mit den Schwerpunkten: neue Unterrichtsmedien, Computereinsatz, Chorarbeit, lebensweltbezogene didaktische Modelle
- Mitarbeit an der Lehrplankommission in Schleswig-Holstein
- Leiter schulischer Chor-, Orchester- und Band-AGs; Aufbau einer überregional beachteten Musiktheaterarbeit
- Gitarrist und Bassist in Rockbands
- Promotion an der Hochschule für Musik und Theater Hamburg zum Thema „Schule in der Musik“
- www.dieterbuehrig.de

Autoren

Dr. Martin Hoffmann

- Jg. 1963
- Studium der Fächer Schulmusik und Chordirigieren an der Staatlichen Hochschule für Musik München
- Promotion im Fach Musikwissenschaft
- Studienrat am Rudolf-Diesel-Gymnasium Augsburg
- Lehrbeauftragter an der Fachhochschule Augsburg für die Fächer Musikgeschichte und Chorleitung
- rege Konzerttätigkeit als Organist und Chorleiter
- Referent bei Fortbildungen und Kongressen
- zahlreiche musikwissenschaftliche und musikdidaktische Veröffentlichungen
- Arbeitsschwerpunkte: Musik des 20. Jh., musikalische Aufführungspraxis, Chormusik, fächerübergreifender Unterricht
- Lehrbeauftragter an der Musikhochschule Frankfurt für Musikdidaktik

Manfred Johannsen

- Jg. 1961, Musiklehrer an der Stormarnschule Ahrensburg (Gymnasium)
- Kapellmeisterstudium in Hamburg, Leiter mehrerer Opernprojekte
- schulischer AG-Schwerpunkt: Chor, Leitung diverser Musicalprojekte
- Leiter des Jugendkammerchors Ahrensberg, Konzertreisen u.a. nach Estland und Schweden
- Aufbau und Leitung des Vokalensembles „more than words" in Lübeck

Niko Lamprecht

- Jg. 1963, Studienrat am Martin-Niemöller-Oberstufengymnasium Wiesbaden
- Studium in Kassel, Unterrichtserfahrung an Gymnasien, Gesamtschulen, Waldorfschule
- vertiefende schulische Tätigkeit in Leistungskursen und einer Gitarre-AG
- Leitung diverser Oberstufenprojekte, u.a. des Werner-Egk-Projekts zur „Olympischen Festmusik" (Ausstellungen in Donauwörth und Wiesbaden 1998 ff.) und des NONO-Projekts zu „Il canto sospeso" (diverse Durchführungen seit 2000)
- besonderes Interesse an Veröffentlichungen bzw. Vorträgen zu fachübergreifenden, gesellschaftsrelevanten und sinnesorientierten Themen

1 La Bachata – Musik aus der Karibik

von Dieter Bührig

Ausgehend von einem beliebten Popsong wird im Rahmen von fünf Stunden ein in ganz Lateinamerika und auch in Europa bekannter Musikstil thematisiert. Singen, Tanz und Instrumentalspiel stehen dabei im Vordergrund.

Fächerübergreifender Unterricht Erdkunde, Spanisch

Hörbeispiel CD Track 1; zwei Videoclips

1. Ziele und Absichten

Die Schüler sollen

- Spaß am Singen, Tanzen und Musizieren haben,
- die Bachata als Musikrhythmus und Tanz kennenlernen und nachvollziehen können,
- sich rhythmisch schulen,
- sich Grundlagen über die Entstehung eines Musikstils selbstständig verschaffen können,
- sich über den Entstehungsort (die Dominikanische Republik) angemessen informieren können.

Zur Sachanalyse siehe **M1**.

2. Unterrichtsverlauf

1. Stunde: „Obsesión" als Lied

Zunächst wird das Lied „Obsesión" der Gruppe „Aventura" einstudiert (**M3**). Um zunächst die Melodie kennen zu lernen, empfiehlt es sich, das Lied weitgehend auf „la" zu singen. Dann wird – nach einer kleinen Einweisung in die Sprache (s. Sachanalyse) der Text rhythmisch gesprochen. (Gute Erfahrungen habe ich damit gemacht, das Lied gleich zur CD mitsingen zu lassen, da es vielen Schülern ohnehin bekannt ist.)

Singen

Im vorliegenden Leadsheet sind aus Platzgründen nur die erste Strophe und der Refrain wiedergegeben. Die Aufteilung beider auf Jungen und Mädchen bringt etwas Abwechslung in die Stunde (Probieren Sie es auch einmal umgekehrt aus, das wird für viel Spaß sorgen!). Dann geht es um den Textinhalt:

- Was könnte das Wort „Obsesión" bedeuten?

Vielfach wird es fälschlicherweise mit „Besitzergreifung“ verwechselt. Tatsächlich lautet die Übersetzung jedoch: Besessenheit, fixe Idee, Leidenschaft, Zwangsvorstellung. Interessant ist eine kurze Diskussion über die Frage:

Reflexion

- Warum unterscheiden wir zwischen „Besitzergreifung“ und „Besessenheit“? Führt nicht eins zwangsläufig zum andern?

Natürlich spielt bei dieser Frage das jeweilige Objekt des Interesses eine Rolle. Zur Vertiefung der Diskussion mag das folgende Zitat dienen:
Im Gegensatz zur Besessenheit muss das besitzergreifende Wesen nicht in den Körper des Opfers fahren, sondern es durch eine Art unterbewusster Telepathie dazu zwingen, nach dessen Willen zu handeln. Besitz von einem anderem Wesen ergreifen können Dämonen, Götter, Titanen, Magier und Zauberer oder sonstige magisch aktiven Kreaturen, und es soll auch ein paar „Freie Geister“ geben, die dies beherrschen. Das Opfer kann durch Besitzergreifung bis in den „Selbstmord“ getrieben werden, jedoch erfordern solche, dem Opfer direkt schädigende Handlungen, eine weitere erschwerte Probe.
(aus: http://www.tirakans-reiche.de/wiki/index.php?title=Besessenheit_und_Besitzergreifung *)*

Nun wird der Liedtext übersetzt (**M4**). Bei der Textdeutung kann auf das obige Zitat zurückgegriffen werden:

- Inwiefern spiegelt sich das Zitat im Liedtext wider?

Ein erneutes Singen des vollständigen Liedes schließt die erste Stunde ab. Die Noten für den Spielsatz (**M5**) für die nächste Stunde sollten vorher an geeignete Schüler mit entsprechenden Arbeitsaufträgen verteilt werden.

2. Stunde: „Obsesión“ als Spielsatz

In dieser Stunde steht das Musizieren im Vordergrund. Zur leichteren Realisierung wurde das Lied nach G-Dur transponiert (**M5**). Der Spielsatz ist so angelegt, dass er auf die jeweiligen Verhältnisse relativ einfach eingerichtet werden kann. Die Hauptstimme kann von einer Altflöte übernommen werden. Die Realisierung der zweiten Stimme erfordert etwas Geschick, sie lässt sich gut auf einem Keyboard als Bläserstimme spielen.

Instrumentalspiel

Die beiden folgenden Zeilen dienen entweder einem Pianisten als Vorbild, können jedoch auch von Xylofon und E-Bass übernommen werden. Die Perkussionsbegleitung ist ursprünglich für Claves (oben) und zwei Bongos (unten) gedacht, lässt sich jedoch auch beliebig mit Rhythmen aus den Arrangements der folgenden Stunden erweitern. Der genauen Realisierung der Perkussionsrhythmen sollte viel Aufmerksamkeit geschenkt werden, weil sie das Rückgrat der Bachata-Musik bilden. Als Hausaufgabe werden sich die Schüler per Internet über die Bachata, die Gruppe Aventura und die Dominikanische Republik (Lage und Nationalflagge) informieren (s. Sachanalyse).

3. Stunde – Bachata: ein Tanz aus der Karibik

Die Auswertung der Hausaufgabe erfolgt mithilfe der OH-Folie **M6**:

- Wo liegt die Dominikanische Republik? Tragt von der Landkarte aus einen Pfeil zur entsprechenden Stelle Amerikas ein.
- Vervollständigt die Nationalfahne.

Info

Das farbig gestaltete AB mitsamt der Lösung finden Sie auf der beiliegenden CD. Nach einer kurzen Einführung in die Geschichte des Landes geht es nun um die Musik selber. Die Bachata wird nicht nur durch den charakteristischen Rhythmus geprägt, sondern ist v.a. auch ein Tanzstil. Die Einstudierung der Grundschritte steht im Mittelpunkt der Stunde (**M2**).

Tanzen

Die Schrittfolge ist einfach: Die Beinbewegung kommt aus den Knien heraus, wobei ein Bein neben das andere gesetzt wird. Dieses „chasse“ wird durchgängig mit Merenguehüftbewegung getanzt (pro Taktschlag ein Schritt, also auf 1, 2, 3). Auf der 4 erfolgt das leichte Anheben des Beins, indem die Hüfte einseitig hochgezogen wird (sog. HIP LIFT), was etwas Übung erfordert, und/oder gleichzeitig ein Doppelschlag vor und zurück mit der Hüfte getanzt wird. Letzteres erfordert sehr viel Übung. Genau wie Merengue und Salsa ist Bachata kein standardisierter Tanz, d.h. gibt es viele Variationen und Bewegungsabläufe. Da Bachata normalerweise sehr eng und hüftbetont getanzt wird, gehört er zu den erotischsten Tänzen überhaupt. Die „prüdere“ europäische Version wird mit Körperabstand getanzt, wobei auch Figuren mit eingebaut werden.

Übungsvideo

Auf der beiliegenden CD finden Sie zwei Videoclips, die Ihnen beim Einstudieren behilflich sein können. In dieser Variante der Bachata erfolgt die Bewegung horizontal statt vertikal. Bei einem Videoclip können Sie die Bewegungen in der Zeitlupe studieren, besonders was den Hüftschwung angeht.

4. Stunde: Bachata-Rhythmen

In dieser Stunde steht das Spiel mit den Percussionsinstrumenten im Vordergrund. In **M7** bieten wir Ihnen vier verschiedene typische Bachata-Rhythmen an.

Spiel mit Perkussion

Alle Beispiele sind frei variierbar, besonders was die Instrumente betrifft. Sie können teilweise auch in Form von Bodypercussion realisiert werden. Wichtig ist in jedem Fall das Bemühen um eine präzise Ausführung. Ich habe gute Erfahrungen damit gemacht, die vorher im Detail einstudierten Rhythmen zu einer Bachata-CD mitspielen zu lassen. Natürlich können alle Rhythmen auch zur Begleitung des in der ersten Stunde einstudierten Liedes eingesetzt werden. Es bereitet den Schülern in der Regel sehr viel Spaß, den in der letzten Stunde einstudierten Tanzstil zu diesen Rhythmen zu tanzen.

5. Stunde: Eine eigene Bachata, die „Bachata andaluza"

Besonders leistungsstarke Lerngruppen können ihre eigene Bachata komponieren und realisieren. Im Rahmen eines Leistungskurses entstand die unter **M8** abgedruckte „Bachata andaluza". Sie besteht aus zwei für sich genommen sehr gut bekannten Teilen: der so genannten „Andalusischen Kadenz" und des Harmonieschemas des Pachelbel-Kanons (den wir kurz vorher im Unterricht thematisiert hatten). Die grundlegenden Impulse zur Komposition kamen von den Schülern, die ihre Aufgabe in Gruppenarbeit lösten. Der Lehrer half bei der Gestaltung der Kadenzübergänge.

Eigene Kompositionsversuche

Die Wahl der Instrumente liegt nicht fest. In meinem Fall bot es sich an, nur akustische Gitarren und E-Bass einzusetzen, was den andalusischen Charakter gut unterstrich. Die Perkussionsgruppe wurde hier sehr differenziert gestaltet, um möglichst auch leistungsstarke Schüler einzusetzen, die kein Instrument ausreichend beherrschen. Zum Abschluss dieser kleinen Unterrichtseinheit wurde die selbst komponierte Bachata zusammen mit Tanzeinlagen und einer entsprechenden „karibischen" Verkleidung vor anderen Klassen aufgeführt.

Lernzielkontrolle

Das Rätsel zur Bachata **(M9)** kann als Abschluss dieser Einheit eingesetzt werden und ermöglicht eine spielerische Lernzielkontrolle.

Hinweise

- http://www.bachata-tanz.de/ (Informationen zu Bachata)
- http://www.awentura.com/html/musica-latina.html
- http://www.reddominicana.com/ (zur Dominikanischen Republik)
- http://www.xenoconex.de/SalsaMerengue/Bachata/index.html (Originalvideos zur Bachata)
- http://grouper.com/video/bachata (ebenso)
- http://www.videosalsa.com/ (ebenso)
- http://www.thedancestoreonline.com/ballroom-dance-instruction/bachata-free-lessons.htm (Tanzanweisungen)
- http://www.sabordominicano.com/bachata/ (Bachata-Hits)

Zur Dominikanischen Republik

Die Dominikanische Republik ist ein Inselstaat und liegt auf der Insel Hispaniola östlich von Haiti, zwischen dem Atlantik und der Karibik. Sie ist nicht zu verwechseln mit Dominica, einer Insel der Kleinen Antillen. Die Bevölkerung stammt im Wesentlichen von frühen europäischen Einwanderern überwiegend spanischer Herkunft und von afrikanischen Sklaven ab. Im Gegensatz zu Haiti stellten die Sklaven nicht den Großteil der Bevölkerung.

An der Nordküste herrscht tropisches Klima mit hoher Luftfeuchtigkeit, auch im Winter ist es nie unter etwa 15°C. In den Bergen der Cordillera Central, so in der 1.400 m über NN gelegenen Stadt Constanza, sind im Winter auch Temperaturen unter dem Gefrierpunkt möglich. Die Dominikanische Republik liegt im Wirkungsbereich tropischer Wirbelstürme (Hurrikans).

Die Landessprache ist Spanisch. Von dem in Spanien gesprochenen Spanisch (Castellano) weicht die Sprache in der Dominikanischen Republik vielfach ab und hat einige Ausdrücke und Redewendungen aus dem Spanischen der Kolonialzeit beibehalten. Andererseits ist die Sprache stark durchmischt mit anglo-amerikanischen Ausdrücken. Am 5. Dezember 1492 entdeckte Christoph Kolumbus die Insel Hispaniola. Sie wurde in der Kolonialzeit politisch in einen spanischen Ostteil und einen französischen Westteil getrennt. Aus dem Ostteil wurde die Dominikanische Republik, aus dem Westteil Haiti, das zeitweise in das nördliche Nord-Haiti und die südliche Mulatten-Republik geteilt war.

Am 27. Februar 1844 trennte sich Santo Domingo von Haiti. Das Land erhielt den Namen Dominikanische Republik. Von 1849 bis 1859 wurden in erbitterten Kriegen Rückeroberungsversuche Haitis abgewehrt. Von 1861 bis 1865 unterstellte man die Republik zur Abwehr neuer haitianischer Angriffe wieder der spanischen Verwaltung. 1863 begann ein Restaurationskrieg zur Wiedererlangung der Eigenstaatlichkeit. Am 3. März 1865 kam es zur erneuten Trennung von Spanien und zur endgültigen Unabhängigkeit der Dominikanischen Republik. 1871 scheiterte der Versuch, die Republik den Vereinigten Staaten anzuschließen, an einer knappen Abstimmung im US-Kongress. 1874 schloss man einen Friedensvertrag mit Haiti.

Von 1916 bis 1924 wurde die Dominikanische Republik durch die USA besetzt. Die Musik in der Dominikanischen Republik ist im Wesentlichen geprägt von afrikanischen und spanischen Einflüssen, wie in der gesamten spanischsprachigen Karibik. Man findet in der Dominikanischen Republik vor allem folgende Musikstile im Bereich der populären Musik:

- **Bachata** ist eine aus der Dominikanischen Republik stammende Musikrichtung und der dazugehörige Tanz. In Deutschland wurde die Musik im Jahr 2004 populär, als der Song „Obsesión" der Band Aventura die Charts stürmte.
- **Merengue** ist eine aus der Dominikanischen Republik stammende Musikrichtung im 2/4-Takt und der dazugehörige Tanz.
- **Merengue Hip Hop** (auch: Merengue House oder Merenhouse) ist eine Kombination aus traditioneller Merengue mit Hip Hop- und House-Elementen und wurde Mitte der 90er-Jahre auch außerhalb der Dominikanischen Republik in den Clubs der USA und Europas populär.
- **Reggaetón** (spanische Schreibweise: Reguetón) mit dem dazugehörenden Tanz Perreo steht seit Anfang des 21. Jahrhunderts besonders bei den jüngeren Dominikanern – wie überall in Lateinamerika – sehr hoch im Kurs.

Der Karneval in der Dominikanischen Republik, mit den Zentren La Vega und Santo Domingo, ist eines der wichtigsten Kulturereignisse für die dominikanischen Familien, die sich mit voller Begeisterung und ehrlicher Freude daran beteiligen. Die karnevalistischen Aktivitäten finden jährlich um den 27. Februar statt. In Río San Juan an der Nordküste der Dominikanischen Republik wird zu Karneval ein Merengue-Festival mit dem Namen „Carnaverengue" gefeiert.

(aus: http://de.wikipedia.org/wiki/Dominikanische_Republik)

Zur Bachata

Bachata entstand Anfang der 1960er-Jahre als eine Form des kubanischen bzw. karibischen Boleros (nicht zu verwechseln mit dem spanischen Bolero). Zunächst war Bachata dabei weniger zum Tanzen gedacht, sondern war einer von vielen Stilen der romantischen lateinamerikanischen „Trio"-Gitarrenmusik, die vergleichbar mit der mexikanischen Mariachi-Tradition hauptsächlich der Unterhaltung verliebter Paare diente. In den folgenden Jahrzehnten nahmen Bachata-Musiker Einflüsse aus anderen Stilen wie dem Merengue auf, das Tempo wurde erhöht und Bachata wurde mehr und mehr als Tanzmusik verstanden. Seit 2003 erfahren Musikrichtung und Tanz einen Produktionsboom im gesamten hispanokaribischen Raum.

Genau wie Merengue und Salsa ist Bachata kein standardisierter Tanz, d.h. gibt es viele Variationen und Bewegungsabläufe. Da Bachata normalerweise sehr eng und hüftbetont getanzt wird, gehört er zu den erotischsten Tänzen überhaupt. Die „prüdere" europäische Version wird mit Körperabstand getanzt, wobei auch Figuren mit eingebaut werden. Bachata galt in den 1970er und 1980er Jahren als vulgäre Musik der unteren Bevölkerungsschichten, wurde mit Prostitution, Kriminalität und Armut assoziiert und im Gegensatz zu Salsa und Merengue kaum im Radio gespielt. Das änderte sich erst um 1990 herum, vor allem durch Juan Luis Guerra, dessen Album Bachata Rosa 1992 einen Grammy gewann. In Deutschland war das bislang erfolgreichste Bachata-Stück das Lied Obsesión der Gruppe Aventura, das auch R&B- und Pop-Elemente enthält und im September 2004 auf Platz 1 der Media Control-Singles-Charts war.

(aus: http://de.wikipedia.org/wiki/Bachata)

Die Schrittfolge ist einfach (**M2**): Die Beinbewegung kommt aus den Knien heraus, wobei ein Bein neben das andere gesetzt wird. Dieses „chasse´" wird durchgängig mit Merengue-Hüftbewegung getanzt (pro Taktschlag ein Schritt, also auf 1, 2, 3). Auf der 4 erfolgt das leichte Anheben des Beins, indem die Hüfte einseitig hochgezogen wird (sog. HIP LIFT), was etwas Übung erfordert, und/oder gleichzeitig ein Doppelschlag vor und zurück mit der Hüfte getanzt wird. Beim Einüben hilft das Zählen „one – two – tree – touch"

Zur Gruppe „Aventura" und ihrem Titel „Obsesión"

Die Band wurde 1996 von den aus der Bronx stammenden Geschwistern Anthony und Henry Santos und ihren Cousins Lenny und Max Santos gegründet. Alle Bandmitglieder haben ihre familiären Wurzeln in der Dominikanischen Republik, sind aber bereits in den USA geboren und aufgewachsen. Die Ursprünge des Findungsprozesses gehen bis ins Jahr 1994 zurück: In Boston, wo es eine große dominikanische Latino-Gemeinde gibt, haben Anthony und Henry unter dem Namen „Los Teenagers de la Bachata" ihre ersten musikalischen Gehversuche unternommen und die Bachata Trampa de amor veröffentlicht. Lenny und Max nannten sich derweil „La Banda Suena" und spielten im barrio auf der Straße. 1996 vereinten sich die Vier in der Gruppe „Los Tinelles", benannten sich aber wenig später in „Aventura" um. Mit ihrem Album Generation Next – La nueva generación de la Bachata (1997) erregten sie erstes Aufsehen vor allem im karibischen Raum.

Mit „We Broke the Rules“ (2002) kam dann der internationale Durchbruch. Wesentlich dazu beigetragen hat der Titelsong „Obsesión“, erschienen in einer spanischen Version und einer englischen Remix-Version. Der Song konnte sich in vielen Ländern der Welt in den Charts platzieren, 2003 schaffte er es in der Schweiz, in Italien und Spanien sogar auf Platz eins. 2004 gab es eine Cover-Version der Boygroup 3rd Wish mit Rap-Sänger Baby Bash, worauf das Original von Aventura nachträglich so beliebt wurde, dass es auch in Deutschland noch den Spitzenplatz der Charts erreichte. 2005 legte Baby Bash dieselbe Cover-Version noch einmal an der Westküste der USA zusammen mit dem mexikanisch-amerikanischen Rapper Frankie J auf, der diese wiederum um eine neue spanische Cover-Version und eine Reggaetón-Mix-Version bereicherte.

Die Mitglieder von Aventura sind jedoch nicht ausschließlich auf den ihnen eigenen Bachata-Stil festgelegt. In 2004 sang Henry gemeinsam mit Papi Sánchez im Song „Me Dejó“ der Merengue-Gruppe Amarfis y la Banda de Atakke mit. 2005 war Aventura auch in Zusammenarbeit mit Reggaetón-Künstlern zu hören – mit Don Omar auf dem Album God's Project, mit Tego Calderón im Song „Envidia“ und mit Wisin y Yandel im Song „Noche de sexo“.

Im Februar 2006 gewann Aventura mit God's Project gleich zwei Auszeichnungen beim berühmten Festival Premio Lo Nuestro in Miami: in den Kategorien „Grupo del Año“ und „Tropical Tradicional Artista del Año“.

Nachdem Aventura als „Teenagers de la Bachata“ zunächst wenig erfolgreich waren, haben sie sich entschlossen, „die Regeln zu brechen“ (siehe CD-Titel: „We broke the rules“) und sich von der traditionellen Bachata zu lösen, ohne sie jedoch grundsätzlich aufzugeben. Der Grundrhythmus und die typische Gitarrenbegleitung sind geblieben, angereichert jetzt aber mit R&B-, Rock- und Pop-Klängen. Die Musik richtete sich fortan insbesondere an die lateinamerikanischen Immigranten in den USA, die bereits in zweiter Generation oder länger dort lebten.

Die Texte sind überwiegend spanisch, aber versetzt mit vielen Anglizismen und spanischem Slang. Und auch inhaltlich weichen die Texte zum Teil stark von den traditionellen Bachata-Themen ab, obwohl die melancholische Grundstimmung, der Schmerz über Tod und Trennung und die Schlechtigkeit der Frauen durchaus erhalten geblieben sind:

Der Klassiker aber ist nach wie vor Obsesión (2002), der sehr fein und nachfühlbar beschreibt, wie ein junger Mann sich in eine leidenschaftliche Liebe hineinsteigert, obwohl diese völlig unbegründet ist und nicht erwidert wird. Diese Art sich zu verlieben hat einen typisch lateinamerikanischen Wesenszug. Cousine Judy Santos singt den weiblichen Part im Lied. Das bekannte dominikanische Gesangsduo Monchy & Alexandra hat das Lied ebenfalls zeitweise in sein Repertoire aufgenommen.

(Aus: http://de.wikipedia.org/wiki/Aventura_%28Band%29)

Aussprachehilfen für das Spanische

- Ein „c" vor den hellen Vokalen e und i wird wie ein scharfes „s", ein „c" vor den dunklen Vokalen a, o und u wie ein „k" ausgesprochen.
- Ein „ñ" lautet wie „nj".
- Ein „y" klingt wie ein „j", ausgenommen das Wort y (und), das als „i" ausgesprochen wird.
- Das „h" wird nur unmerklich angehaucht, fast gar nicht artikuliert.
- Das Doppel-L „ll" gilt als ein Laut und klingt wie „j".
- Ein „j" wird als „ch" ausgesprochen.
- Alle „s" und „z" werden als scharfes „s" artikuliert. Es gibt im Spanischen kein weiches „s".
- Das „v" klingt fast wie „b", keinesfalls als luftiges „f" sprechen!
- Bei Doppelvokalen wie „io", „ia", „ie" oder „ue" müssen beide Buchstaben deutlich getrennt artikuliert werden.
- Ein Akzent auf einem Vokal zeigt an, dass die dazugehörige Silbe betont wird.
- Beim Singen ist es üblich, Wortteile zusammenzuziehen, wenn sie mit einem Vokal enden bzw. anfangen. Im Liedtext wird dies durch einen Unterstrich angedeutet. „do_en" wird also zu einer Silbe „don", „no_he" zu „neu" (weil das h nicht klingt!) zusammengezogen. Ähnliches gilt für „de_la" (dla), „y_ha" (ja) oder „ño_y" (njo).

Tanzschritte für die Bachata

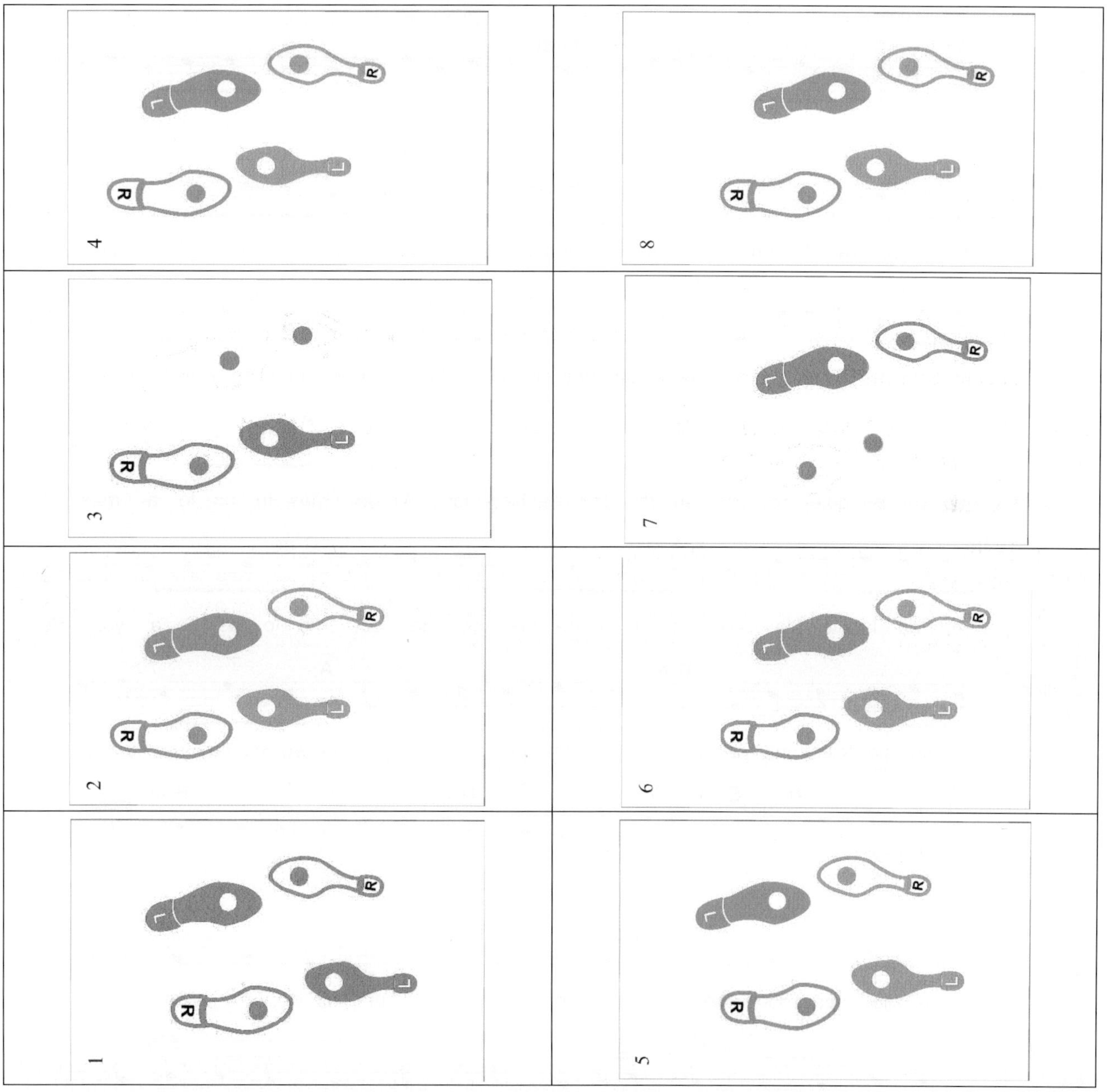

Obsession: Noten

Obsession: Text

Son las 5 de la mañana y yo no he dormido nada
Pensando en tu belleza y loco voy a parar
El imsomnio es mi castigo
Tu amor sera mi alivio
Y hasta que no seas mía no viviré en paz
Hoy conosí tu novio pequeño y no buen mozo
Y sé que no te quiere por su forma de hablar
Además tu no lo amas porque no da la talla
No sabe complacerte como lo haría yo
Pero tendré paciencia ya que no es competencia
Por eso no hay motivos para yo respetar.

No, no es amor, lo que tu sientes se llama obsesión,
Una illusión, en tu pensamiento,
Que te hace hacer cosas, asi funciona el corazón

Bien vestido vaya en mi lexus,
Pase por tu colegio,
Me informan que te fuiste,
Como loco te fui alcanzar
Pero es que no te encontraba, y eso me preocupaba
Para calmar mi ansia yo te quería llamar,
Pero no tenía tu número, y tu amiga ya me lo nego,
Ser bonito mucho me ayudo, y eso me trajo la solución
Yo sé que le gustaba y le di una mirada,
Con par de palabritas tu número me dio,
Del celular llamaba, y tú no contestabas,
Luego te puse un beeper y no había conección
Mi única esperenza es que oigas mis palabras
"No puedo, tengo novio. No me enganches por favor".

Hice cita pa'l psiquiatra a ver si me ayudaba
Pues ya no tengo amigos por sólo hablar de ti
Lo que quiero es hablarte, para intentar besarte
Será posible que de una obsesión yo pueda morir?
Y quizás piensas que soy tonto, pribón y también loco
Pero es que en el amor soy muy original

No enamoro como otros
Conquisto a mi modo
Amar es mi talento te voy a enamorar.
Disculpa si te ofendo pero es que soy honesto
Con lujo de detalles escucha mi version:
Con crema de chocolate, juntarte y devorarte
Llevarte a otro mundo en tu mente y corazón.
Ven vive una aventura, hagamos mil locuras,
Voy hacerte caricias que no se han inventao.

Obsession (Übersetzung: Dieter Bührig)

Es ist fünf Uhr morgens und ich hatte eine schlaflose Nacht
Weil ich daran dachte wie schön du bist, das macht mich verrückt
Schlaflosigkeit ist meine Strafe
Doch deine Liebe wird meine Erlösung sein
Und ich werde keinen Frieden finden bis du mir gehörst
Heute habe ich deinen Liebsten getroffen: klein und kein guter Kerl
Und wenn ich ihn reden höre, weiß ich, er liebt dich nicht
Außerdem liebst du ihn nicht, denn du bist zu gut für ihn
Er weiß nicht, was du brauchst, das tue nur ich,
Doch ich habe Geduld, denn er ist keine Konkurrenz
Warum sollte ich ihn respektieren

Nein, nein, was du verspürst ist keine Liebe sondern Besessenheit
Eine fixe Idee in deinem Kopf, die dich führt
So ist das eben mit der Liebe

Gut gekleidet steige ich in meinen Lexus
Fahre an deiner Schule vorbei
Man sagt mir du bist schon gegangen
Ich suchte dich wie ein Verrückter
Aber weil ich dich nicht fand, machte ich mir Sorgen
Um meine Angst zu beruhigen wollte ich dich anrufen
Doch hatte ich deine Nummer nicht und deine Freundin wollte sie mir nicht geben
Gut auszusehen hilft mir, das löst meine Probleme
Ich weiß, dass ich ihr gefiel und schaute sie an
Flirtete ein bisschen und schon hatte ich ihre Nummer
Ich rief von der Telefonzelle aus an, doch erhielt keine Antwort
Ich schickte dir eine SMS, doch die kam nicht an
So hoffe ich, du hörst meine Worte
„Ich kann nicht, ich habe bereits einen Freund. Quatsch mich bitte nicht an."

Ich suchte Hilfe beim Psychiater, um zu sehen, ob der mir helfen könnte
Ich habe schon alle meine Freunde verloren, denn ich spreche nur über dich
Ich will nur mit dir reden, versuchen, dich zu küssen
Wäre es möglich, an Besessenheit zu sterben?
Und vielleicht denkst du, ich bin verrückt, verschlagen und auch dumm
Doch was die Liebe angeht, da bin ich sehr originell

Ich verliebe mich nicht wie andere
Ich erobere auf meine Weise
Die Liebe ist mein Talent, ich werde dich gewinnen
Entschuldige wenn ich dich verletzen sollte, aber ich bin ehrlich
Hör dir meine Darstellung gut an
Mit Schokoladencreme will ich dich fassen und verschlingen
Dich in eine andere Welt zaubern mit Herz und Verstand
Lass uns gemeinsam ein Abenteuer erleben, tausend verrückte Dinge machen
Ich werde dich lieben wie niemand je zuvor

Obsesión – Spielsatz (Arr.: Dieter Bührig)

13
Em
C
Em
C
17
Em
C
Em
C
21
Em
D
G
D

25
Am
G
29
Em
D
34
Am
G
(fine)
(fine)
(fine)

Die Dominikanische Republik (farbig auf CD-ROM)

Die Dominikanische Republik

Bachata Rhythmen

Bachata Rhythmen

Bachata Rhythmen

Bachata andaluza (Schülerkomposition)

Bachata andaluza (Schülerkomposition)

Bachata andaluza (Schülerkomposition)

Rätsel als Lernzielkontrolle

Rätsel

Rätsel

1. Auszeichnung für Musiker
2. Teil eines Liedes
3. Bachata-Gruppe
4. schwerer Wirbelsturm
5. Musikinstrument
6. spezielle Tanzbewegung
7. Hitliste
8. drei Musiker
9. Stadtteil in New York
10. Hauptstadt der Dominikanischen Republik (2. Namensteil)
11. Entdecker Amerikas
12. Tanz aus Lateinamerika
13. spanisch: Besessenheit
14. Insel in der Karibik
15. Tanz aus Lateinamerika
16. Sprechgesang und Tanzstil
17. Staat auf der Insel Hispaniola
18. Ozean
19. Hauptstadt der Dominikanischen Republik (1. Namensteil)
20. dominierende Sprache in Lateinamerika

Rätsellösung

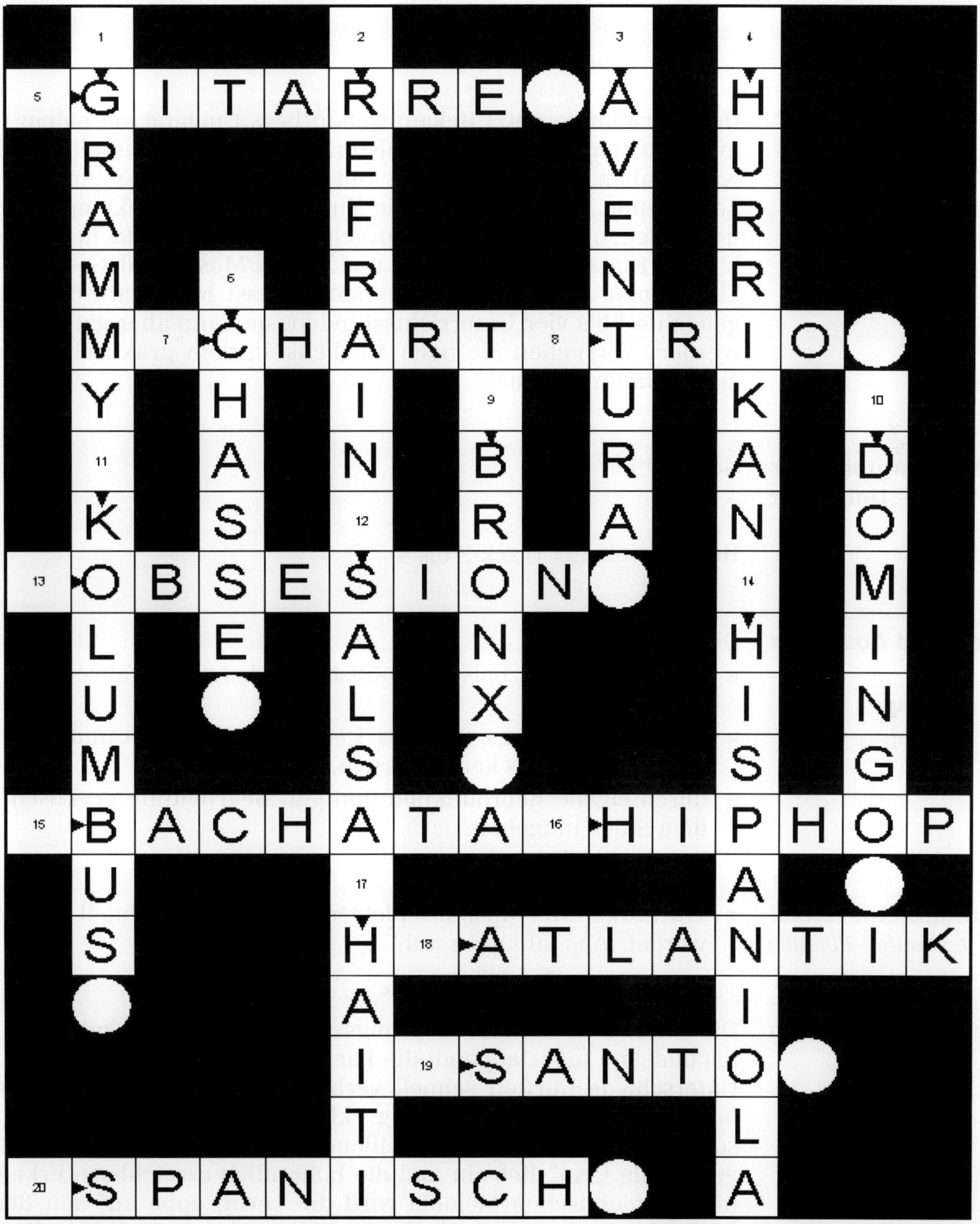

2 Italiens „Bella Ciao“ – Politik im „Schatten der kleinen Blume“

von Niko Lamprecht

Der Baustein vernetzt Bekanntschaft bzw. Umgang mit einem Lied mit dem funktionellen bzw. historischen Umfeld desselben. Ideal wäre daher eine Verbindung mit dem Geschichtsunterricht der Lerngruppe, vielleicht auch die Nutzung der Sprachkompetenz eines Kollegen oder italienischsprachiger Schüler. Gedacht für die 9. bis 13. Klasse/Thema: Musik und Politik/Musik und Gesellschaft/ Liedformen. Die Unterrichtseinheit umfasst bei organischem Vorgehen drei bis vier Unterrichtsstunden, sie kann aber ggf. gestrafft werden. Versuchen Sie nach Möglichkeit, dem praktischen Musizieren Raum zu geben!

Fächerübergreifender Unterricht

Geschichte

Hörbeispiele CD Track 2 bis 4

1. Ziele und Absichten

Die Schüler sollen:

- „Bella Ciao“ als Beispiel politischen Liedguts erfahren und erkennen können,
- am Umfeld Italiens 1943 bis 1945 die Bedingtheit und Funktionalität des Liedes kennenlernen,
- durch eigene Reproduktion und ggf. Bearbeitung praktisch mit dem Stück umgehen.

2. Unterrichtsverlauf
1.Stunde – Einstieg

- Wir hören zwei Musikbeispiele, deren Titel ihr schnell erkennen werdet. Was fällt euch auf?

Hören und reflektieren

Die Schüler hören die Ursprungsversion („Pianura Padana“) und nachfolgend (überlappend) die Partisanenversion „Bella Ciao“. Die Unterschiede dürften schnell verbalisiert sein (Ursprungsversion langsam-getragen, Sologesang, klagender Tonfall; „Bella Ciao“ schnell, Gruppengesang, mitreißende Wirkung), durch den auffälligen „Bella Ciao“-Refrain und die hoffentlich erreichbare Erkenntnis der identischen Melodie wird die Lerngruppe auf den Bezug beider Lieder kommen. Vielleicht wird auch bereits der Moll-Charakter erkannt.

- Ihr habt Unterschied und Bezug beider Lieder jetzt benannt. Das zweite Stück spielte im II. Weltkrieg eine gewisse Rolle. Könnt ihr sie klären?

Transfer

Vielleicht sind Vorkenntnisse abrufbar, ansonsten blendet man per OHP den Text (**M1A** italienisch, Worte wie „partigiani“ und „l'invasor“ dürften hervorstechen) und – nachfolgend – dessen dt. Übersetzung ein. Vage dürfte den Schülern der geschichtliche Rahmen bekannt sein („Italien war doch gegen Deutschland?“, „Mussolini war eigentlich wie Hitler“, „Partisanen haben Deutschland bekämpft“), die exakte Klärung muss hier noch nicht stattfinden. Blenden Sie als erste Impression die Bilder von **M2** ein, eher als emotionalen Bezug denn als historische Erläuterung. Selbige wird in die Hausaufgabe verlegt:

M1B als Hausaufgabe

- Eines der gezeigten Bilder seht ihr auch auf dem Arbeitsblatt, welches ihr jetzt bekommt. Oben sind die Texte, die wir besprochen haben. Ihr klärt bitte die unten stehenden Fragen zum geschichtlichen Umfeld!

Praxis

Sorgen Sie für einen praktischen Ausklang der Stunde. Vorschlag: Singen der einstimmigen Melodie, zunächst per Gitarre/Klavier von der Lehrkraft begleitet. Achten Sie auf die federnde Rhythmik und möglichst genaue Artikulation. Nachfolgend sollte man die Rollen für das Arrangement („Wer spielt Flöte, Bass etc.?“) verteilen, denkbar wäre auch eine Verteilung der Strophen an einzelne Sänger/innen oder Sänger-Teams.

Praxistipp

Das Arrangement ist nicht schwer, lediglich im Intro liegen einige (vorwiegend rhythmische) Tücken. Es soll in langsamem Tempo und agogisch (Fermaten als deutliche Haltepunkte) gespielt werden, man muss für das Intro also eine sichere bzw. führungsfähige Oberstimme (Fl oder Vl) aussuchen und für das Einstudieren dieses Parts genügend Zeit vorsehen. Den Übergang zum schnellen Hauptteil muss dann wohl die Lehrkraft dirigieren.

2. Stunde – Weiterführung

Ideal wäre bei entsprechender medialer Ausstattung der Ausschnitt aus dem Film „Mussolini – die letzten Tage“. In einer beeindruckenden Sequenz (0.52,00–0.56,40 Std.) wird der Rückzug einer deutschen Armeegruppe in Oberitalien gezeigt, begleitet von Straßensperren und Aktionen der Partisanen. Ennio Morricones Musik verleiht den Szenen Grandezza und Ernst!

Filmeinstieg Wenn man Zeit hat, empfiehlt sich auch der Ausschnitt mit dem Ende April ´45 gefangenen Mussolini (1.24,20–1.27 Std.). Der Diktator erinnert sich (Wochenschau und Führungszirkel im Kinoraum des Duce, 1941) – und erwacht als Gefangener in der Hand von Partisanen mit roten Armbinden. Vielleicht gibt es danach direkte Schülerfragen, die zu beantworten sind. Man kann aber durchaus auch gleich weiterführen:

- Ihr habt einen Eindruck von der Tätigkeit der Partisanen bekommen. Wir hören wieder ihr Lied Bella Ciao. Danach tragt ihr bitte eure Ergebnisse zur Hausaufgabe vor.

Man sammelt und bespricht die Hausaufgabe, für die Tafel- oder Overhead-Anschrift schlage ich eine chronologische Ordnung vor (siehe **M3**, so ausführlich muss der Anschrieb aber keinesfalls werden). Gegebenenfalls kann man die Schülerergebnisse auch im Lehrer-Schüler-Gespräch ohne Anschrieb sammeln, dann sollte am Ende dieser Phase M3 als Kopie ausgeteilt werden.

- Bella Ciao entsteht also in einer schwierigen und gefährlichen Zeit. Was soll dieses Lied eigentlich bewirken?

Blenden Sie das Lied nochmals kurz ein, als Stütze für das Nachdenken der Schüler. Diese werden sicher einige Motive („Aufruf zum Freiheitskampf“, „Hervorheben der tapferen Partisanen“ etc.) benennen können, andererseits auch die romantische Ader des Textes (einzelne tödlich getroffene Person als „Blume“ ...) sehen. Der Text bleibt politisch vage, drückt kein genaues Ziel aus – der Kampf gegen den „Invasor“ und für die „Liberta“ bleibt die einzige Klammer. Dies reicht 1943 bis 1945 aber sicher zur Gemeinschaftsbildung der Partisanen aus!

- Dieses politische Kampflied könnte also mit wenigen Textänderungen zum sehnsüchtigen Liebeslied werden, es steht auch nicht von ungefähr in Moll. Die musikalische Struktur sehen wir uns in der nächsten Stunde an.

Praxis Das Arrangement wird ausprobiert. Wenn die Räumlichkeiten es hergeben, könnte man die Instrumentalisten und die Sänger in zwei Gruppen aufteilen zur Vorprobe, am Stundenende dann einen ersten gemeinsamen Durchgang versuchen.

3. Stunde – Vertiefung

- Politische Lieder wollen breite Kreise ansprechen und Inhalte über die Musik meist sehr eingängig vermitteln. Welche musikalischen Mittel setzt hierfür unser Lied ein? Beschäftigt euch in Partnerarbeit mit dem Notentext, teilt euch die musikalischen Parameter zu! Zur Erinnerung hört ihr noch das Klangbeispiel.

Analyse in Partnerarbeit

Zunächst das Hörbeispiel erklingen lassen! Bei der Partnerarbeit (Vorlage **M4** Schülerblatt als Kopie vorher verteilen) soll je nach Vorkenntnissen der „Spezialist“ die Harmonik/Melodik untersuchen, der schwächere Schüler kann die Rhythmik/Form austüfteln. Wenn dieses gezielte Herangehen an Parameter nicht bekannt ist, sollte man die Teilbereiche der Musik vorher erklären.

Sammlung

Nach ca. 10 bis 15 Minuten geht man zur Sammlung im Lehrer-Schüler-Gespräch über, zur Bündelung der Aussagen sollte das Schülerarbeitsblatt als Overheadfolie aufliegen. Auch bei schwächeren Gruppen dürfte die Geschlossenheit der Komposition (d-Moll-Dominanz, viertaktige Einheiten, Anfangsmotiv a im rhythmischen Kern prägend für das gesamte Lied) aufgefallen sein. Das Lied „geht ins Ohr“, erfüllt seine Vehikelfunktion (Begriff sichern!) durch gute Singbarkeit (Gruppenlied, Mitsing-Effekt). Zur Sicherung bzw. Vertiefung der benannten Fakten empfiehlt sich bei aufnahmefähigen Gruppen die Zusatzfolie **M4b** (kurzer Lehrervortrag, Schüler können zumindest die Markierungen im Notentext auf ihrem Arbeitsblatt übernehmen).

Stundenabschluss: Praxis

Nutzen Sie die Praxisrunde, um während der Probe am Arrangement ab und an die theoretischen Erkenntnisse („Synkope gut betonen!“, „Steigerung in T.9 dynamisch hervorheben!“) einfließen zu lassen. Falls noch nicht geschehen, sollte jetzt das Intro (eignet sich auch als Zwischenspiel nach der 3. Strophe) in Form gebracht werden. Hausaufgabe: Instrumentalisten/Sänger sollen ihre Parts intensiv üben!

4. Stunde – Vergleich

- Ihr kennt das Lied bisher in der Urfassung und einer Partisanenversion. Jetzt hört ihr vier Versionen – die bekannten und danach zwei weitere Fassungen. Nehmt euch den Notentext, hört zu und vergleicht. Was fällt auf?

Zu den bekannten CD-Titeln (1 und 2) kommt nun der „Coro Toscanini di Turino“ (3) und die Wader-/Wecker-Version (4) hinzu. Nehmen Sie die Schüleraussagen mit kurzen Stichworten auf, das Tafelbild könnte sich wie folgt entwickeln:

1 Pianura Padana	2 Bella Ciao/Gruppo Padano
getragen, klagend, Pausen zwischen den Phrasen, solistisch, Gitarre begleitet	bewegter, ohne „Haltepausen“, Klatschen, Gruppengesang, Gitarrebegleitung

3 Bella Ciao/Coro a Toscanini	4 Bella Ciao/Hannes Wader & Konstantin Wecker
„Opernwirkung“: professioneller Männerchor, Klavierbegleitung, z.T. mehrstimmig, dynamisch ausgestaltet	Sologesang, lebendigste Fassung: Gitarrepicking, Akkordeon- und Klavierakzente. Wader (deutsch) und Wecker (italienisch) wechseln sich ab und singen z.T. mehrstimmig. Melodie wird variiert, Spitzenton fehlt!

Lassen Sie ruhig auch Bewertungen zu, die Schüler beginnen sich „ihr Bild“ zu machen. Vermutlich ist ihnen die Wader-/Wecker-Fassung näher als die „Heldenpose“ des Toscanini-Chores, ggf. kann man zu Hannes Wader (Folkbarde, politisches Engagement seit ca. 40 Jahren) noch Informationen nachliefern oder ein Wader-Lied ins Kursrepertoire übernehmen. Es gibt ja nicht nur „Heute hier, morgen dort“ ...!

Abschluss Praxis

Nehmen Sie diese Praxisphase nach einem Warming-up als kleine Präsentation („Jetzt unterbrechen wir nicht, das Stück muss nun durchlaufen!“), vielleicht hat man auch die Technik für eine Aufnahme? Solch ein Nachhören ist oft sehr heilsam und motivierend – natürlich nur, wenn das Ergebnis nicht bodenlos schlecht ist.

Filmtipp

„Mussolini – die letzten Tage“ mit Henry Fonda, Franco Nero etc. ist ein sehr guter Film zur Endzeit des italienischen Faschismus. Vielleicht hat die Unterrichtseinheit Interesse geweckt – der ganze Film wäre ideales Mittel zur atmosphärischen Verdichtung der Bella Ciao-Recherchen.

Erweiterung

Diese Unterrichtseinheit kann ruhig weiterlaufen, suchen Sie weitere Titel zum Vergleich oder zur Erweiterung. „Brüder zur Sonne, zur Freiheit“ aus dem linken Arbeiterliedsektor, „Vorwärts vorwärts“ aus der NS-Zeit, „Das weiche Wasser“ aus der Friedensbewegung – es gibt viele Beispiele, an denen sich prägende (und oft ähnliche) Merkmale erarbeiten lassen. Man kann auch international werden, „Grandola vila morena“ aus Portugal und viele weitere Titel bieten Anlässe zur Betrachtung. Man kann Teams bilden, die arbeitsteilig Titel vorstellen/erarbeiten. Hier bilden sich vielleicht auch „politische Fraktionen“ in der Lerngruppe, man kommt ins Gespräch – und hat die Musik als Vermittler und Handlungsanlass. Lassen Sie sich darauf ein!

Hinweise

Praxistipp:
Die Unterrichtseinheit sollte in einen größeren Rahmen gestellt werden. Ideal wäre z.B. die vorherige Behandlung diverser Nationalhymnen (BRD, Ex-DDR-Hymne, USA ...) oder anderer politischer Lieder und die Erarbeitung der entsprechenden Begriffe (Vehikelfunktion, funktionelle Musik, Massenlied, Gruppenzwang etc.). Oder man hat das Thema Musik und Politik anhand anderer Beispiele bereits eingeführt, um nachfolgend „Bella Ciao“ einzubetten.

Lernzielkontrolle

Das Rätsel zu „Bella Ciao“ **(M6)** dient als Lernzielkontrolle und kann als Abschluss der Einheit eingesetzt werden.

Literatur:

- Ott, Elisabeth: Bella Ciao, eine Studienfahrt ...; in SoWi –Zschr. Hrsg. Schmid/Steiert Nr.3/2003 S.80 ff.
- Akademie für Lehrerfortbildung Dillingen, Bericht 356, „Lernzirkel Politisches Lied“, Dillingen 2001
- Riethmüller, Albrecht (Hrsg.): Musik und Politik, Laaber 2001
- http://www.holocaust-education.de, Stichwort Widerstand in Italien
- http://www.romancivica.net/anpiroma/DOSSIER/Dossier1b.htm
- http://www.freitag.de/2002/43/02430 Artikel von Jens Renner
- CD „Völker hört die Signale“ Hrsg. SPD-Fraktion im Europaparlament, 1993, Thorofon CTH 2208
- CD „Bella Ciao – Chansons du peuple en Italie“, mit Chor „Gruppo Padano ...“, 2000, Harmonia mundi MA 195734
- CD „Wecker/Wader – Was für eine Nacht!“ 2001, pläne-Verlag Nr.88858
- DVD „Mussolini – die letzten Tage“, DVD 2004 Carol Media/Best Entertainment AG, Best. Nr. 0212

Sachanalyse

Werkhintergrund

„Lied der italienischen Partisanen“ steht lapidar in vielen Liederbüchern über „Bella Ciao“, einem Stück mit hohem Identifikationsgrad für diejenigen Italiener (und wohl auch Deutschen), die die Hitler- bzw. Mussolinizeit aus der „linken“ bzw. Widerstandsperspektive betrachten. Bei einem Besuch der Gedenkstätte Marzabotto bei Bologna (Ort eines Massakers von SS und Mussolinitruppen an vielen Zivilisten) sagte mir die Mitarbeiterin Elena Monicelli zu dem Lied, „es sei das Lied Italiens. Naja, das Lied für halb Italien, damals. Und heute auch für halb Italien – Berlusconi-Leute singen es nicht.“ Die bis in unsere Tage mit dem Lied verbundene Polarisierung zeigte sich z.B. auch in einer italienischen Parlamentssitzung im Oktober 2002. Das als „Lex Berlusconi“ eingebrachte Gesetz zur juristischen Immunität des damaligen Ministerpräsidenten sorgte für erregte Debatten, nach ihrer Abstimmungsniederlage sangen die linken Oppositionspolitiker „das antifaschistische Widerstandslied Bella Ciao. Es kam zu wüsten Beschimpfungen unter den Abgeordneten“(http://www.rp-online.de/news/politik vom 11.10.2002).

Info zur Geschichte

Zurück zu den Ursprüngen des Liedes. Die Ära Mussolini begann 1922 mit seinem „Marsch auf Rom“. Mit dem Terror seiner Schwarzhemden, ideologischen und rhetorischen Offensiven seiner Propaganda und weitgehender Billigung durch kirchliche und bürgerlich-konservative Kreise festigte der bald „Duce“ genannte Politiker seine Macht, deren totalitäre Dimension bald für Hitler ein attraktives Vorbild abgab. Wie letzterer strebte auch Mussolini nach außenpolitischen Abenteuern (Äthiopien, Mittelmeerraum), allerdings nicht nach dem „Großen Krieg“ gegen England, Frankreich oder andere Großmächte. Auch die Judenverfolgung war dem italienischen Faschismus zunächst fremd, man agierte hier nach dem Kriegseintritt Italiens 1940 ff. eher als Komplize, nicht so sehr als Überzeugungstäter. Erst kurz vor seiner Absetzung durch den König (15.7.43) gab Mussolini z.B. den Befehl, in den italienisch besetzten Gebieten Frankreichs die dortigen Juden an Deutschland auszuliefern.

Der wenig erfolgreiche Kriegsverlauf sorgte für Gärung im Lande, die lange chancenlosen Kommunisten intensivierten ihre Untergrundarbeit. Die sich bildende Anti-Mussolini-Koalition war breit angelegt (Kirche und Monarchisten, Linke und Christdemokraten), beruhte aber natürlich auf keinem tragfähigen Fundament für die Zeit nach Mussolini. Nach der Landung der Alliierten auf Sizilien ließ König Vittorio Emanuele III. Mussolini verhaften, eine neue Übergangsregierung beendete für Italien am 8.Oktober 1943 den Krieg. Hitler besetzte daraufhin große Teile des Landes, befreite Mussolini (Monte Cassino-Fallschirmjägeraktion) und gründete mit diesem zusammen die „Republik von Salo“, grob gesagt ein faschistisches Norditalien mit deutschem Stützkorsett in Form von Truppen. Die Front hielt lange entlang der „Gotenlinie“ (südlich von Bologna), Mussolinis Hilfstruppen und die Deutschen hatten aber hinter der Front immer stärker mit Partisanen zu kämpfen, welche Nachschubwege unterbrachen oder nadelstichartige Operationen vornahmen.

In dem Lied „Bella Ciao“ wird besungen, wie der sterbende Partisan „in die Berge“ gebracht werden soll – eine auch militärisch sinnvolle Aussage, die Berghänge des Apennin-Gebirgszuges waren ein typischer Operationsraum der Partisanen. Die Berge um den Monte Sole bei Marzabotto waren z.B. für die Partisanengruppe „Stella Rossa“ das Rückzugsgebiet, von dem aus ihre Aktionen erfolgten. Im Oktober 1944 rückten mehrere Heeresverbände der Deutschen konzentrisch auf den Monte Sole zu – trotz systematischen Vorgehens erwischten die Truppen keine Partisanen, sondern nur deren dörfliche Versorgungsbasis. In Ermangelung des wirklichen Gegners und zur Abschreckung vollzog sich das anfangs genannte Massaker an schutzlosen Zivilisten … – Die Partisanen Italiens waren gewiss nicht kriegsentscheidend und in der Regel auch nicht sehr gut organisiert, erst im April 1945 (!) erfolgte ihr großer und allgemeiner Aufstand gegen die Reste des Mussolini-Regimes, aber mit ihren Aktionen verband sich schnell der Mythos des „wahren“ bzw. nicht opportunistischen Italien.

Das Lied

Insofern war „Bella Ciao“ von Anfang an ein großes Symbol, übrigens vom Text her in eigenartig unpolitischer und recht lyrischer Diktion („In den Schatten der kleinen Blume …“). Die Herkunft der Melodie ist umstritten, es existierte jedenfalls ein Vorgängerlied „Pianura Padana“ als Bauern-/Arbeiterlied zur Mussolini-Zeit. Dessen allgemeiner Text (nachlesbar und -hörbar in der CD Bella Ciao bei Harmonia Mundi) mutierte im II.Weltkrieg zur Partisanenhymne, „Bella Ciao“ ist somit eine Kontrafaktur. Das politische Umfeld (linksgerichtet) blieb jedoch erhalten, anders hielten es z.B. die Nazis 1933 ff., als sie „Brüder zur Sonne zur Freiheit“ mit neuem Text („Brüder in Zechen und Gruben“) für ihre Zwecke zurechtbogen.

A: Bella Ciao – Text

1. Una mattina mi son alzato,
O bella ciao, bella ciao,
Bella ciao, ciao, ciao,
Una mattina mi son alzato,
E ho trovato l'invasor.

2. O partigiano portami via,
O bella ciao, bella ciao,
Bella ciao, ciao, ciao,
O partigiano portami via,
Che mi sento di morir.

3. E so io muoio da partigiano,
O bella ciao, bella ciao,
Bella ciao, ciao, ciao,
E so io muoio da partigiano,
Tu mi devi seppellir.

4. E seppellire lassù in montagna
O bella ciao, bella ciao,
Bella ciao, ciao, ciao,
E seppellire lassù in montagna
Sotto l'ombra di un bel fior.

5. E le genti che passeranno
O bella ciao, bella ciao,
Bella ciao, ciao, ciao,
E le genti che passeranno
Mi diranno «che bel fior!».

6. E questo il fiore del partigiano
O bella ciao, bella ciao,
Bella ciao, ciao, ciao,
E questo il fiore del partigiano
Morto per la liberta.

Sinngemäße Übersetzung:

1. Eines Morgens stand ich auf ... und habe den Feind/Eindringling getroffen.
2. Oh Partisan bring mich fort ... denn ich fühle meinen Tod.
3. Und wenn ich sterbe bei den Partisanen ... dann sollst Du mich beerdigen.
4. Beerdigt mich oben in den Bergen... unter dem Schatten einer schönen Blume.
5. Und die Menschen die vorübergehen ... sagen:"Welch eine schöne Blume!"
6. Und dies ist die Blume des Partisanen ... der für die Freiheit starb.

B: Hintergründe

aus: www.resistenza.de/ausstell/ausstell.htm
vom 5.10.2006

Das nebenstehende Plakat zeigt einen deutschen Soldaten in Wehrmachtsuniform als Freund ("amica") der Italiener. Das Plakat ist von 1943. Informiert euch über die Hintergründe:

- Wie stand Italien 1939ff zu Deutschland?
- Was bezeichnen die Begriffe "Faschist" und "Resistenza"?
- Warum war dieses Plakat offensichtlich 1943 nötig?

Quellen hierzu findet ihr in jedem Lexikon, in entsprechenden Geschichtsbüchern oder im Internet.

Folienvorlage: Bilder aus Italien im II. Weltkrieg

http://www.resistenza.de/ausstell/ausstell.htm

2. Der Bündnispartner wird besetzt
Am 8. September 1943 wird die Unterzeichnung des Waffenstillstandes zwischen Italien und den anglo-amerikanischen Alliierten bekanntgegeben. Die italienische Halbinsel wird fast vollständig von Hitlerdeutschland besetzt und

Erst seit wenigen Jahren wird über deutsche Besatzung und Kriegsverbrechen geforscht und publiziert. Die Ausstellung über die Resistenza schließt eine Lücke, weil auf dem deutschen Markt kein Buch und keine Ausstellung mehr existieren, die sich speziell mit der PartisanInnenbewegung beschäftigen.

Die Ausstellung gibt anhand kurzer historischer Erläuterungen und zahlreicher Fotos und Plakate einen Überblick über den Faschismus in Italien seit 1922 und die Okkupation Italiens durch das nationalsozialistische Deutschland. Dem folgt eine umfangreiche Dokumentation der italienischen Resistenza.

7. Nazifaschistische Massaker gegen die Zivilbevölkerung
Die wahllose Ausbeutung von Menschen und Ressourcen ist ein Grundelement der Besatzungspolitik. Die Nazis verüben zahlreiche Massaker an der Zivilbevölkerung.

http://www.resistenza.de/krieg/marzabotto.htm

partigiani

Veranstaltungen Ausstellung Materialien kontakt

Zeitzeuginnen Widerstand Frauen der Resistenza Verfolgung Kriegsverbrechen Nachkriegszeit alle Themen

Kriegsverbrechen

Massaker in Italien
Eine Übersicht

Deutsche Kriegsverbrechen
Was da gewollt oder ungewollt in Vergessenheit geriet und in aller Regel strafrechtlich ungeahndet blieb, ist keine Bagatelle

Beispiele:

Marzabotto
Nur wenige überlebten das Massaker zwischen 29. September und 1. Oktober 1944

Cumiana

Blick vom Monte Sole

Zeitzeuge
Francesco Pirini

Zivile Opfer waren grausames Kalkül

Das Massaker von Marzabotto

Heute leben kaum mehr Menschen auf dem Monte Sole südöstlich von Marzabotto. Nur wenige überlebten das Nazi-Massaker zwischen 29. September und 1. Oktober 1944. Diejenigen, die in die zerstörten Ortschaften zurück kehrten, fanden noch Monate nach Kriegsende den Tod durch von deutschen Soldaten gelegte Minen. Das Massaker war von einem gemischten Verband aus SS und Einheiten des Heeres verübt worden. Was als militärische Aktion geplant war - endete in einer Reihe grausamer Massaker an der Zivilbevölkerung.

Folienvorlage: Bilder aus Italien im II. Weltkrieg

http://www.resistenza.de/krieg/schreiber.htm

Widerstand in Italien unter deutscher Besatzung

partigiani

Veranstaltungen Ausstellung Materialien kontakt

ZeitzeugInnnen Widerstand Frauen der Resistenza Verfolgung Kriegsverbrechen Nachkriegszeit alle Themen

Wie war das alles möglich?
Eine Betrachtung von Gerhard Schreiber

Deutsches Propagandaplakat Ende 1943: "Deutschland ist wirklich Euer Freund"

"Bedenkenlose Totalität des Vernichtungswillens"

Deutsche Kriegsverbrechen in Italien

Bezeichnend für die deutsche Besatzungsherrschaft und Kriegsführung in Italien ist eine Feststellung des Ministerrates von Mussolinis sogenannter REPUBBLICA SOCIALE ITALIANA im Januar 1945: Die Deutschen sollten endlich aufhören, das „Territorium der Republik, deren Bürger und Güter" als ihre „Kriegsbeute" zu betrachten.
Das Diktum des faschistischen Führungsgremiums widerspricht der bei uns gern geglaubten Behauptung, dass dem „Bruch kriegsvölkerrechtlicher Einhegungen und der Menschenvernichtungsmaschinerie im Osten eine überwiegend penibel anständig agierende Wehrmacht im Westen" gegenüberstand. In Wahrheit gab es, das zeigt sich am polnischen, jugoslawischen, griechischen, französischen und italienischen Beispiel, bei der Missachtung des Kriegsrechts lediglich ein quantitatives Ost-West-Gefälle.

So sah das auch der Philosoph Karl Jaspers, der schon 1945 klarstellte, dass der vom Deutschen Reich entfesselte Krieg in „Ursprung und Durchführung verbrecherische Tücke und bedenkenlose Totalität des Vernichtungswillens" bedeutete. Genau das bestätigt das Kriegsgeschehen in Italien.
Dafür stehen ungefähr 17.000 getötete Zivilpersonen, rund 37.000 politische Gefangene, die nicht mehr heimkehrten, etwa 12.000 aufgrund verbrecherischer Befehle umgekommene Soldaten und nicht weniger als 46.000 tote „Militärinternierte".

Adresse http://www.ecn.org/yabasta.roma/immag/memofoto/015.jpg

Luigi Briganti: Festnahme eines Partisanen

Für die Lehrerhand: Die „Schwarzhemden“ und verbliebenen regulären Truppen der „Republik von Salo“ kämpften 1943ff für ihren Duce Mussolini – und mit den zu Besatzern gewordenen Deutschen gegen die Alliierten und die neu gegründete Republik Italien. Entlang der Gotenlinie gab es erbitterte Kämpfe gegen die Nadelstiche der (meist linksgerichteten) Partisanen, Marzabotto und andere Massaker sollten den Widerstand der Resistenza eindämmen.

Das Umfeld von „Bella Ciao“

<table>
<tr><td>1922</td><td>König Vittore Emmanuel III. ernennt nach langen innenpolitischen Kämpfen Benito Mussolini (Führer der Faschisten) zum Premierminister. Binnen weniger Jahre wird Italien unter dem „Duce“ Mussolini zum totalitären Einparteienstaat, politische Gegner werden unterdrückt und verfolgt. Mussolinis Schwarzhemden (Bezug zur SA bzw. SS) werden Sinnbild des politischen Terrors.</td></tr>
<tr><td colspan="2">Faschismus (von lt. „fasces“, Bezug zum römischen Liktorenbündel) kennzeichnet als Begriff die mitunter widersprüchliche Ideologie Mussolinis, der sozialrevolutionäre Ideen (Arbeiterkult) mit totalitären Ansprüchen (Diktatur) und imperialen Träumen (italienische Mittelmeerhoheit) verband.</td></tr>
<tr><td>1936</td><td>Mussolini und Hitler bilden die „Achse“ Berlin-Rom (später auch mit Tokio), eine Vorarbeit zum Bündnis des Weltkriegs.</td></tr>
<tr><td>1939</td><td>Beginn II. Weltkrieg. Italien konzentriert sich zunächst auf eigene Vorhaben (Kriege gegen Albanien und Griechenland, Krieg in Nordafrika), tritt aber bald auf Deutschlands Seite in den Krieg ein. Deutsche Truppen (Rommels Afrikakorps etc.) helfen Italien, seine löchrigen Fronten zu halten.</td></tr>
<tr><td>1942/43</td><td>Stimmung in Italien wendet sich nach zunehmenden ital.-dt. Niederlagen. Die Kommunisten stehen in ihrer Haltung gegen Mussolini nicht mehr allein, auch Konservative und einige Faschisten tendieren zum Seitenwechsel.
„Bella Ciao“ entsteht als linkes Partisanenlied.</td></tr>
<tr><td>Sommer 1943</td><td>Alliierte landen in Süditalien, der italienische König verhaftet Mussolini – die Wehrmacht/SS befreit Mussolini. Italien teilt sich in die legitime Republik Italien (mit dem König und den alliierten Truppen) und die faschistische „Republik von Salo“ (mit Mussolini und de facto mit dt. Besatzungstruppen).</td></tr>
<tr><td colspan="2">Resistenza bezeichnet den Widerstand gegen Mussolini, besonders seit Ende 1943. Der lokal und politisch sehr buntscheckige Widerstand (zu den kommunistischen Alt-Partisanen stießen bald auch andere Gruppierungen) lebte von der zunehmenden Unterstützung der Bevölkerung und topografisch vom Rückzugsraum der Berge. Kommandounternehmen der Wehrmacht/SS konnten die beweglichen Partisanen nie völlig ausschalten, durch Strafexekutionen an der Zivilbevölkerung (z.B. Massaker von Marzabotto 1944) konnte man die Herzen der Italiener auch nicht gewinnen.
Das Plakat von 1943 zeigt nicht von ungefähr einen zwar lächelnden, aber schwer bewaffneten Deutschen – der „Freund“ soll wohl auch Furcht verbreiten …</td></tr>
<tr><td>1943-45</td><td>Entlang der „Gotenlinie“ (befestigte Front, knapp südlich von Bologna den italienischen Stiefel abriegelnd) entbrennt ein langwieriger Kampf, im nördlichen Hinterland stören Partisanen den deutschen Nachschub.</td></tr>
<tr><td>April 1945</td><td>Norditalien ergibt sich der Resistenza und den Alliierten – Generalstreik und offener Aufstand aller Partisanengruppen („Comitato di liberazione nazionale per l´Alta Italia“) führen zur Aufgabe der Faschisten und am 29.4. zur Kapitulation der dt. Truppen in Italien. Mussolini wird erschossen.</td></tr>
</table>

Schülermaterial zur Analyse - Notentext „Bella Ciao“:

Untersucht die Struktur des Liedes! Empfehlung: Arbeitsteilige Betrachtung der Parameter von Rhythmus, Melodie und Harmonie. Bitte nicht die Gliederung/Form vergessen!

Lehrermaterial: Lösungswege als Overheadvorlage

Form und Rhythmus:

	Prägnantes auftaktiges Motiv mit nachfolgender Synkope, der lange Schlag kommt zum Taktanfang verzögert. Wirkung: Bewegtheit, vorantreibende Spannung.
	Wiederum der Auftakt – diesmal ohne nachfolgende Synkope, stattdessen Andeutung eines Daktylus (schreitend, lang-kurz-kurz). Stabilisierung der Rhythmik, Schreit- bzw. Marscheffekt.
	Es bleibt beim Auftakt – dann jedoch eine (im Prinzip) gleichmäßige Figur aus drei bzw. vier Vierteln mit abschließender Wirkung.

Formal ergeben sich **drei viertaktige Einheiten bzw. Phrasen**. T.1-4 A (mit zweitaktigem Motiv a und Anschlussglied b), T. 5-8 A´ (mit variiertem Motiv a´ und melodisch absteigendem Motiv c, welches rhythmisch an das Ende von b erinnert), T. 9-12 A´´ bzw. „Abgesang“ mit deutlichem Bezug zu A´.

Melodik und **Harmonik**

	Motiv a bleibt im Raum der kleinen Terz, fällt sozusagen „im Anlauf zurück“ auf den Grundton. Variation a´ ist sequenziert, „schraubt sich nach oben“. Variation a`` steigt dann zum Spitzenton d´´ auf – ein „heroischer“ Gipfel. **Motiv a befestigt die Molltonika d, bei a´´ gehen wir über die Mollsubdominante g zum „heroisch strahlenden“ F-Dur (tP).**
	Anfang von Motiv b wiederholt das Tonmaterial von a (Terzraum), **d-moll wird befestigt.**
	Beim ersten Auftreten (Ende Motiv b Takt 4) befestigt sich der Ton a´ **als im Sprung erreichte Quint der Molltonika.** In den nachfolgenden Varianten (T.7f und T.11f) erfolgen zwei „Bestätigungen“, durch den Quartsprung aufwärts (Appell zur Tat) und die nachfolgende Rückkehr zum Grundton d´. **Vor diesem Moll-Abschluss werden die Durdominante A-Dur und B-Dur (sP) eingesetzt.**

Bella Ciao/Italienisches Partisanenlied

Arr. Lamprecht 2006; Intro/ Zwischenspiel nach 3.Strophe

d
U- na ma- ti- na mi son al- za- to, bel- la ciao, bel- la ciao, bel- la
Vl/Fl
Klar B
Piano
Kb / Piano

g
d
ciao ciao ciao, una ma- ti- na mi son al- za- to, e ho

A
B
A
d
g
tro- va- to l`in- va- sor, una ma- ti- na, mi son al-

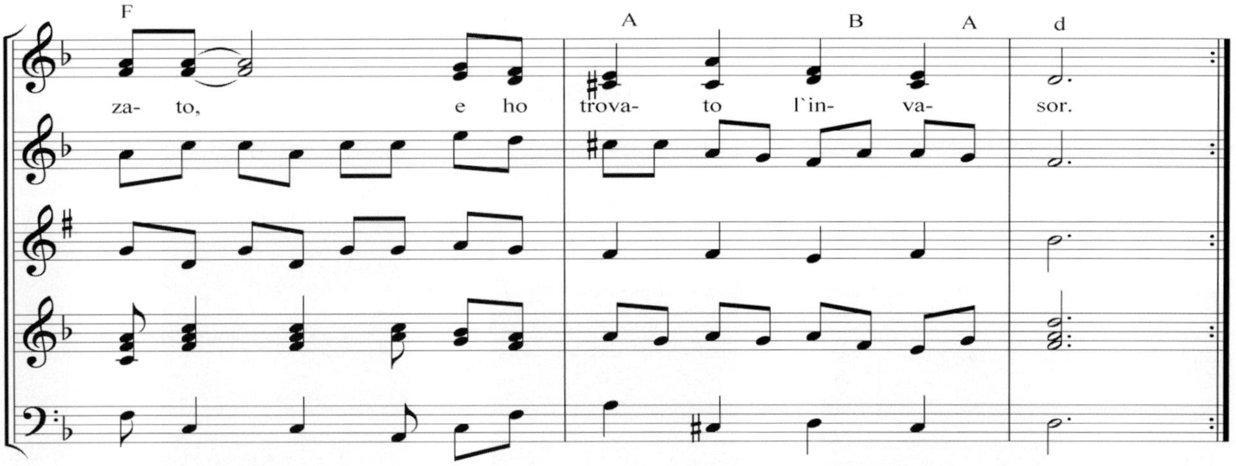

1. Una mattina mi son alzato,
O bella ciao, bella ciao,
Bella ciao, ciao, ciao,
Una mattina mi son alzato,
E ho trovato l'invasor.

2. O partigiano portami via,
O bella ciao, bella ciao,
Bella ciao, ciao, ciao,
O partigiano portami via,
Che mi sento di morir.

3. E so io muoio da partigiano,
O bella ciao, bella ciao,
Bella ciao, ciao, ciao,
E so io muoio da partigiano,
Tu mi devi seppellir.

4. E seppellire lassù in montagna
O bella ciao, bella ciao,
Bella ciao, ciao, ciao,
E seppellire lassù in montagna
Sotto l'ombra di un bel fior.

5. E le genti che passeranno
O bella ciao, bella ciao,
Bella ciao, ciao, ciao,
E le genti che passeranno
Mi diranno «che bel fior!».

6. E questo il fiore del partigiano
O bella ciao, bella ciao,
Bella ciao, ciao, ciao,
E questo il fiore del partigiano
Morto per la liberta.

“Seriöse” Version, nach: www.ingeb.org/songs/bellaciao.html und CD-Booklet “Bella ciao” HMA 195734, Harmonia mundi 2000

2. O partigiano Parta mi via O bella Ciao … O partigiano Porta mi via Que mi senti(o) di morir	5. E le genti Que passerano O bella ciao… E le genti Que passerano Diranno mira quel bel fior
3. E se me morio Da partigiano O bella ciao… E se me morio Da partigiano Tu mi debi seppelir	6. E quest e´l fiore Del partigiano O bella ciao… E quest e´l fiore Del partigiano Muerto per la liberta!
4. Seppellire sulla montagna, O bella ciao… Seppellire sulla montagna, sul l´ombra d´un bel fior	

“Populäre” Version, z.B. im “Student für Europa”-Heft zu finden.

Rätsel als Lernzielkontrolle

Rätsel

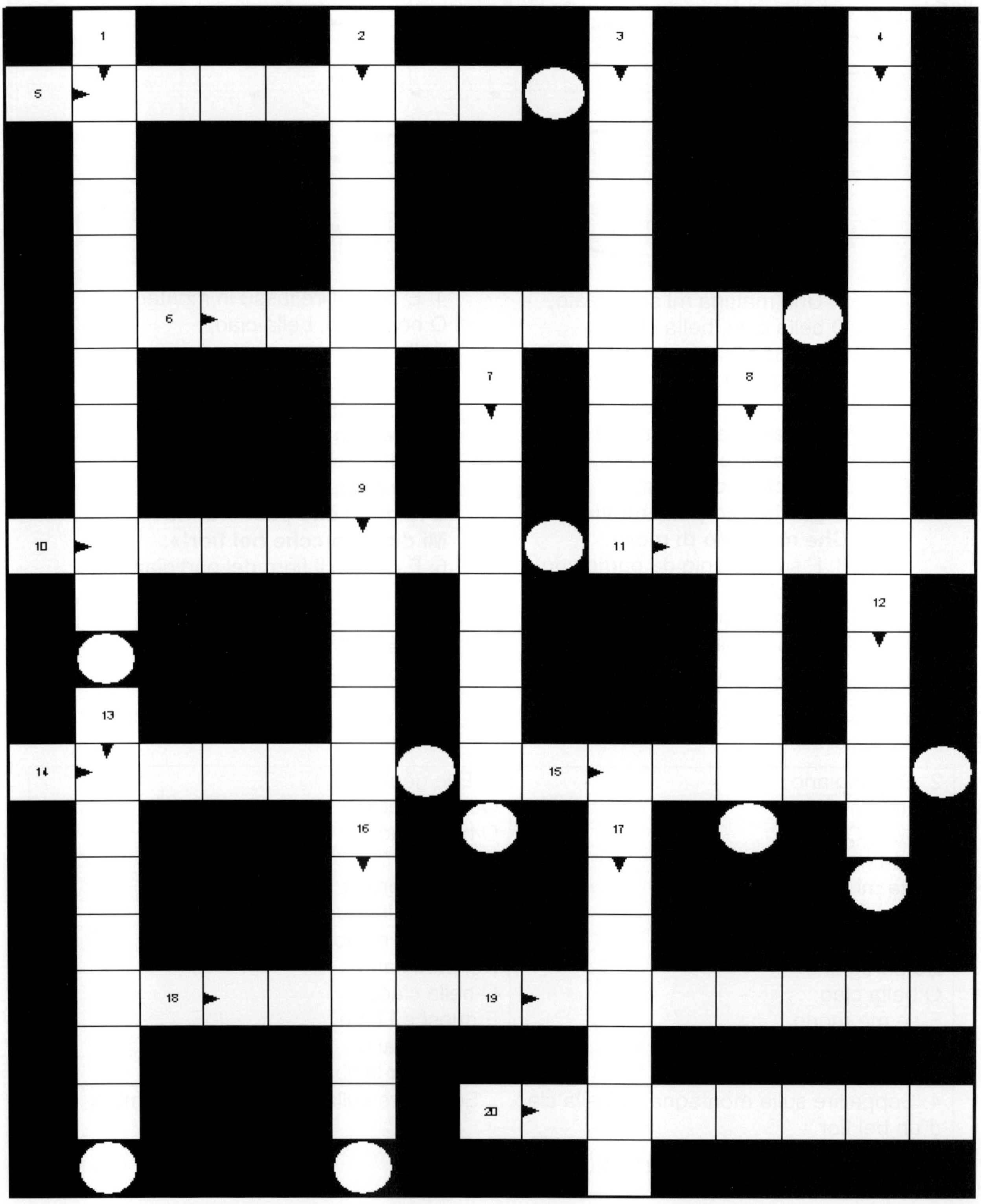

Rätsel

1. Frontabschnitt in Italien
2. Kehrreim
3. Widerstandskämpfer
4. ital. Filmmusikkomponist
5. Musikinstrument
6. Staatenbündnis
7. Lautstärkeunterschiede
8. Musikinstrument
9. Vorspiel
10. Land am Mittelmeer
11. dt. Liedermacher (Nachname)
12. Musikgattung im Theater
13. Lehre von der Staatsführung
14. leise
15. laut
16. ital.: schöne
17. dt. Diktator
18. musikalischer Einzelauftritt
19. Liedteil
20. Hilfsmittel

Rätsellösung

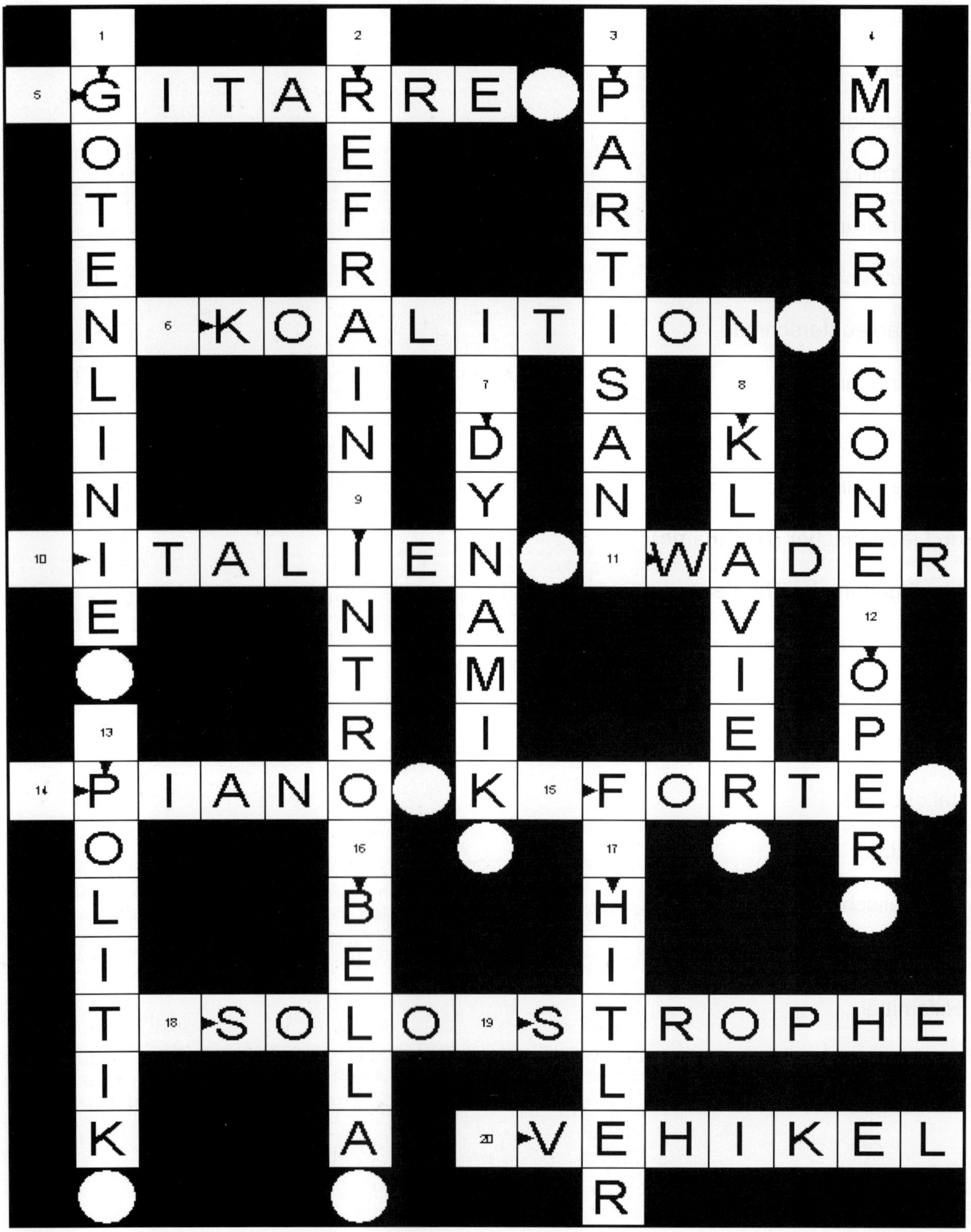

3 Carmen oder Verführung mit Kastagnetten

von Martin Hoffmann

Vor allem eingängige Rhythmen und populäre Melodien haben Georges Bizets Carmen zu einer der meist gespielten Opern gemacht. Von den zahlreichen Opern, deren Handlung in Sevilla spielt (z.B. Mozarts „Don Giovanni", Rossinis „Barbier von Sevilla", Beethovens „Fidelio" und Verdis „Die Macht des Schicksals"), ist die „Zigeuneroper" Carmen vielleicht die populärste. Einen wahren „Carmen-Boom" löste in den 1980er-Jahren der Carmenfilm von Francesco Rosi mit Julia Migenes-Johnson und Placido Domingo sowie die Tanzversion von Carlos Saura mit Laura del Sol und Antonio Gades aus. Mitreißende spanische Rhythmen gepaart mit reicher Melodik wie in Escamillos berühmtem Torerolied, das zum Welthit wurde, sowie der bestimmende Einfluss des tänzerischen Elements machen die einmalige Faszination dieser genialen Opernkomposition aus. Im folgenden Unterrichtsbaustein soll dieser rhythmische Aspekt im Vordergrund stehen. Bizets Regieanweisung gibt dazu den passenden didaktischen Impuls: „Die Kastagnettenbegleitung wird entweder im Orchester, oder von der Sängerin selbst ausgeführt; im letzteren Falle kann der Rhythmus auf Wunsch derselben geändert werden." Die Unterrichtssequenz ist auf drei Stunden angelegt.

1. Ziele und Absichten

Die Schüler sollen

- die Kastagnettenstimme im Klassenverband rhythmisch erarbeiten
- die spanische Idiomatik in Bizets Carmen untersuchen und benennen
- eine Schlüsselstelle der Oper Carmen in den dramaturgischen Kontext einordnen
- eine an der eigenen lebensweltlichen Erfahrung orientierte und mögliche Fortsetzung der Handlung erarbeiten

2. Unterrichtsverlauf

1. Stunde – Rhythmisch-perkussive Arbeit

Zur Klavierbegleitung wird die Kastagnettenstimme im Klassenverband erarbeitet. Dabei patschen die Schüler mit beiden Händen auf einen Oberschenkel und versuchen, den notierten Rhythmus darzustellen (**M1**). Nach ausgiebiger Erarbeitung dieser Kastagnettenstimme wird nun die Singstimme ergänzt. Natürlich kann man je nach Leistungsstand diese beiden Ebenen (Rhythmus und Melos) auch solistisch darstellen lassen. Ebenso kann auch eine einzelne ausgewiesene solistische Stimme vom Kastagnettenrhythmus des Klassenverbands begleitet werden und umgekehrt. Idealerweise wird schließlich zusätzlich zur Klavierbegleitung, zur Kastagnettenbegleitung und zur Singstimme eine Schülerin den (frei)-tanzenden Part übernehmen. Melos, Rhythmus, Tanz und Klavierbegleitung ergeben somit in ihrer Komplementarität eine sehr individuelle Möglichkeit, motivierend auf die Bedürfnisse des Klassenverbands einzugehen. Aufgrund der hohen und vielseitigen Anforderungen an Carmen hat sich Bizet wohl zu der Regieanweisung entschlossen, die die Bedingungen an „Carmen", aber nun auch an den Klassenverband relativiert: „Die Kastagnettenbegleitung wird entweder im Orchester, oder von der Sängerin selbst ausgeführt; im letzteren Falle kann der Rhythmus auf Wunsch derselben geändert werden."

2. Stunde – Arbeit am Notentext

Im Unterrichtsgespräch wird die perkussiv erarbeitete Szene in den dramaturgischen Kontext der Oper einbezogen. Der dramaturgische Zusammenhang wird bis zur Kastagnettenszene erzählt oder mit Videoausschnitten nachgezeichnet (**M2**). Von besonderem Interesse ist dabei die Perspektive auf Don Joses Situation. Hier ist Don Jose als Mann, als Mensch und als Soldat in seiner Wahrnehmung gefordert. Der drohende Konflikt, in den Don Jose verwickelt wird, kündigt sich, musikalisch sehr subtil in die Partitur (**M3**) eingearbeitet, bereits instrumental an. Dabei spielt die Semantik der verwendeten Instrumente eine entscheidende Rolle. Im pp fügen sich die Trompeten, die den Zapfenstreich intonieren, fast unbemerkt in den musikalischen Satz ein, werden schließlich immer deutlicher und bewegen Don Jose, als er sie tatsächlich wahrnimmt, zum Einhalten. Don Joses sinnliche Wahrnehmung akustischer Signale ist ob der weiblich-betörenden Reize Carmens sichtlich eingeschränkt. Tatsächlich stellt sich die Frage: Wann nimmt Don Jose die Trompetensignale tatsächlich wahr? An welcher Stelle der Partitur wird er sich seiner Situation wirklich bewusst? Don Jose ist hier eher den verführerischen Kastagnettentönen zugetan als den drohenden Trompetensignalen. Bizet gibt dazu als Regieanweisung an: „Man hört Trompetenklänge aus weiter Ferne klingen". So steht das Trompetensignal für die Pflicht des Soldaten und der Kastagnettenrhythmus (**M4**) für die Verführungskunst Carmens (**M5**). Beiden Klangwelten ist Don Jose ausgesetzt.

3. Stunde – Kreatives Schreiben

Don Jose steht davor, sowohl seine persönlichen als auch seine dienstlichen „Pflichten" zu verletzen: Seine militärische Dienstpflicht wie seine moralische Verpflichtung gegenüber Michaela stehen auf dem Prüfstand. Davon ausgehend versuchen die Schüler, eine mögliche dramaturgische Fortsetzung des Handlungsablaufs zu gestalten. An dieser Stelle sollen nun mehrere Szenarien entworfen werden, die einen nach Don Joses „Abschied" von Carmen möglichen Fortgang der Handlung beschreiben. Die so erarbeiteten Textversionen werden im Klassenverband verglichen und man entscheidet sich für die spannendste Alternative. An dieser Stelle kann man nun die Spannung lösen: Man klärt die originale Dramaturgie der Handlung auf: Don Jose entscheidet sich nicht bewusst für Carmen, sondern gerät in einen Streit mit seinem Vorgesetzten. Er erhebt den Degen gegen den Offizier und besiegelt dadurch sein Schicksal. Er folgt Carmen zusammen mit den Schmugglern in die Berge. Das Drama nimmt seinen Lauf ...

Lernzielkontrolle

Das Rätsel zu „Carmen" **(M6)** dient der abschließenden Lernzielkontrolle.

Klavierauszug mit Kastagnettenstimme

Klavierauszug mit Kastagnettenstimme

Inhalt der Carmen-Oper

Carmen: von Georges Bizet; Oper in 4 Akten

Schauplatz: Sevilla und Umgebung, 1820

1. Akt: Ein Platz in Sevilla mit Wache und dem Tor zur Tabakfabrik

Die Arbeiterinnen der Zigarettenfabrik von Sevilla haben Pause. Sie flanieren auf der Straße und umgarnen die Soldaten, die hier stationiert sind. Die Zigeunerin Carmen, eine der Arbeiterinnen, hat es auf den jungen, hübschen, aber unerfahrenen Soldaten Jose abgesehen. Kurze Zeit später flammt unter den Mädchen ein Streit auf; Carmen verletzt eine Kollegin mit einem Messer. Ausgerechnet Jose muss sie verhaften. Sie überredet ihn, sie laufen zu lassen. Daraufhin wird er selbst verhaftet.

2. Akt: In der Taverne von Lillas Pastia

Einige Tage später wartet Carmen in einem Schmugglerversteck auf die Rückkehr von Jose. Endlich kommt er, die beiden sind glücklich, bis der Zapfenstreich ertönt. Der pflichtbewusste Jose muss in die Kaserne zurück. Darüber ist Carmen empört, sie wirft ihm vor, dass er sie nicht wirklich liebt, wenn ihm jetzt seine Pflicht wichtiger ist. In diesem Moment erscheint Joses Vorgesetzter und macht Carmen schöne Augen. Rasend vor Eifersucht verletzt Jose ihn mit seinem Schwert.

3. Akt: Eine wilde Gegend in den Bergen

Nun muss Jose fliehen und sich verstecken. Er findet bei den Schmugglern und Zigeunern Unterschlupf. Jetzt, da Jose bei ihr ist, verliert Carmen das Interesse an ihm. Ihr war es nur um die Eroberung gegangen. Sie wendet sich dem strahlenden Torero Escamillo zu. Der abgewiesene Jose schwört Rache.

4. Akt: Vor der Arena zu Sevilla

Carmen will zum Stierkampf. Auf dem Weg dorthin taucht Jose auf und gesteht ihr noch einmal seine Liebe. Sie aber verlacht ihn nur. Rasend vor Wut ersticht Jose die Zigeunerin und bricht dann über ihr zusammen.

M3: Ausschnitt „Man hört Trompetenklänge aus weiter Ferne klingen“

M4: Kastagnetten
(Quelle: pixelquelle.de)

M5: Carmen und Don Jose
© picture-alliance/dpa

Rätsel zur Lernzielkontrolle

Rätsel

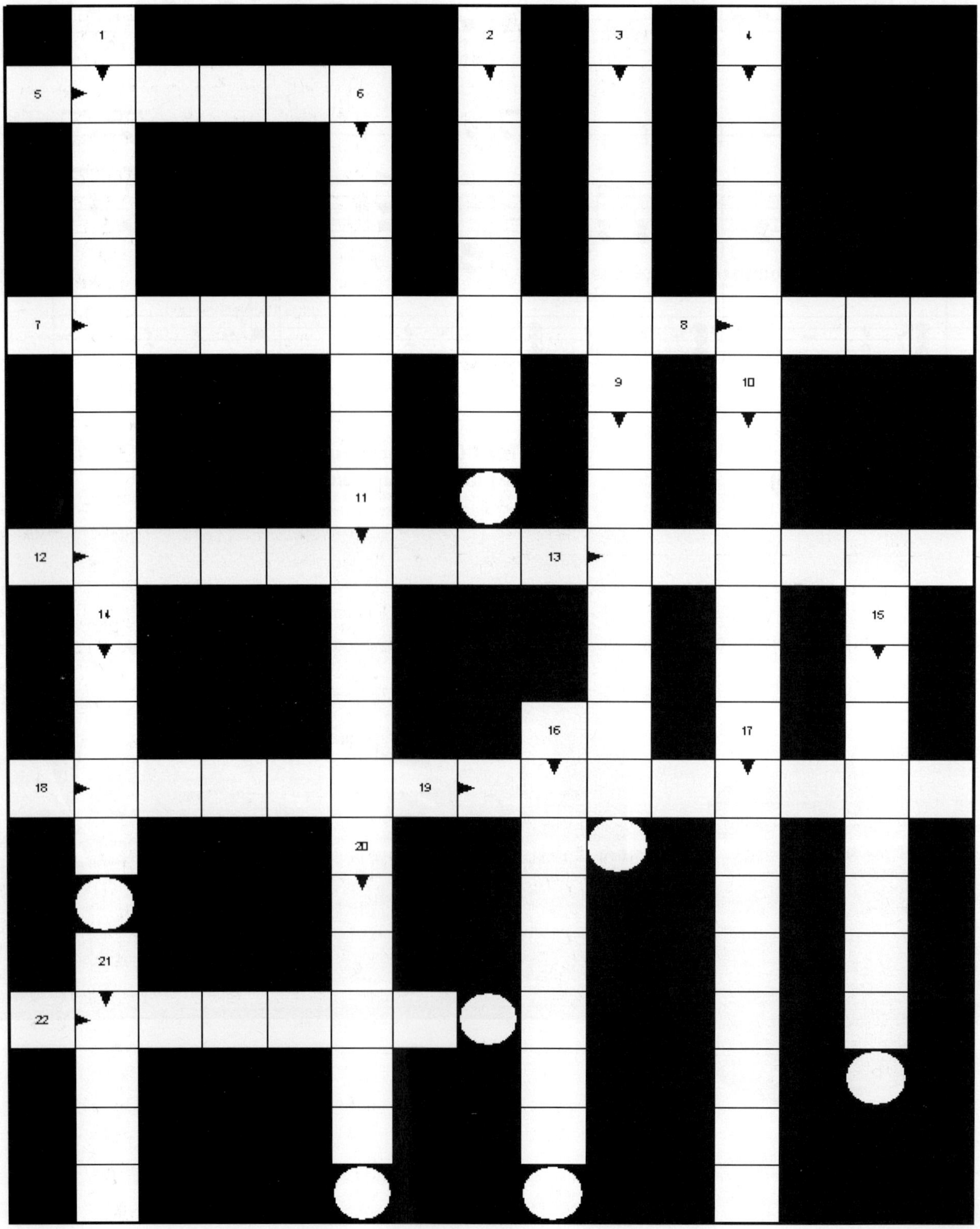

Rätsel

1. große Ansammlung von Instrumentalisten
2. Stadt in Spanien
3. leise
4. Hitliste
5. Musikgattung
6. berühmte Spanierin
7. männliche Rolle in "Carmen"
8. musikalische Körperbewegung
9. berühmter spanischer Opernsänger (Nachname)
10. französischer Opernkomponist
11. Ort für Stierkämpfe
12. Teil eines Liedes
13. österreichischer Opernkomponist
14. spanischer männlicher Vorname
15. Musikinstrument
16. italienischer Opernkomponist
17. beliebt
18. berühmter spanischer Filmregisseur (Nachname)
19. Musikinstrument
20. laut
21. drei Musiker
22. Stierkämpfer

Rätsellösung

4 Kleopatras Musik oder Ben Hur? Fantasie oder Wirklichkeit?

Von Martin Hoffmann

Keine andere Frau der Weltgeschichte hat die Fantasie und die Neugier der nachfolgenden Generationen so angeregt wie Kleopatra VII. (69 bis 30 v. Chr.). Bis heute bleibt ihr Leben und Wirken Vorlage für Musik, Malerei, Literatur und Film. Bei dem Versuch, die ägyptische Musik zur Zeit Kleopatras kennen zu lernen, soll aufgezeigt werden, welche Arten von Musikinstrumenten in den Tempeln tatsächlich abgebildet sind. Hierbei soll versucht werden, spezifische Klangvorstellungen zu vermitteln, Vergleiche mit unserem modernen Instrumentarium nicht zu scheuen, die Instrumente organologisch zu bestimmen und so mehr Verständnis für die Musik bei den Ägyptern zu wecken. Abschließend soll unser Verständnis über die Musik der Antike unabhängig von der Filmmusik Hollywoods reflektiert werden. Diese Unterrichtssequenz ist auf zwei Stunden angelegt, kann bei entsprechendem Material und Möglichkeiten (Filme, eigene Klangversuche) aber auch zu drei oder gar vier Stunden erweitert werden.

Fächerübergreifender Unterricht

Kunst, Geschichte

1. Lernziele der Unterrichtssequenz

Die Schüler sollen

- Ägyptische Instrumente beschreiben und organologisch einordnen
- eine Klangvorstellung der abgebildeten Instrumente entwickeln
- die Bedeutung der Musik im kultischen Kontext Ägyptens kennen lernen
- sich den Einfluss der Filmmusik Hollywoods auf unsere Vorstellung von antiker Musik bewusst machen

Unterrichtsmethoden

- Bildbetrachtung
- Unterrichtsgespräch
- Filmausschnitt

2. Unterrichtsverlauf

1. Stunde

Die Musik zur Zeit Kleopatras ist vor allem geprägt durch eine Epoche, die mit dem Sieg Alexander des Großen im Jahre 333 v. Chr. über die Perser begann. Nach der Übergabe Ägyptens an Alexander wird dieser Herrscher über das Pharaonenreich. Tatsächlich endet mit Alexanders Machtübernahme die pharaonische Geschichte Ägyptens. Die griechischen Ptolemäer beherrschen das Land fortan und treten in eine neue Epoche der politischen Unabhängigkeit ein. Kulturell wird das Land aber sehr stark vom Hellenismus beeinflusst. Dieser Anteil an der griechischen Kultur beschert dem Land noch einmal eine große Blütezeit, bevor es zur Provinz des römischen Reiches wurde. Tatsächlich verschmolz die alte pharaonische Musiktradition mit der hellenistischen Kultur zu einem neuen kulturellen Bewusstsein, bis das Ptolemäische Reich römische Provinz wurde und spätestens mit der Einführung des Christentums seine pharaonische Prägung aufgab.

Wie bei allen alten Hochkulturen sind von der ägyptischen Musik nur das Instrumentarium und Angaben zur Aufführungspraxis bekannt. Einzige Quellen sind Bildzeugnisse, Reliefs und einige Funde. Notationen oder Angaben zum Tonsystem sind nicht überliefert. Die Klangvorstellungen sind in der ptolemäischen Zeit wohl eng mit der Musik der Griechen verwandt. Um die Bedeutung der Musik bei den Ägyptern näher zu beschreiben, wird zuerst die Göttin Hathor und der Gott Bes in den Kontext der ägyptischen Götterwelt gestellt.

- **Hathor**: Die Himmelsgöttin wurde vor allem als Liebesgöttin, der griechischen Aphrodite vergleichbar, verehrt. Hathor wird meist als Frau mit Kuhgehörn und Sonnenscheibe dargestellt.
- **Bes**: Er ist einer der ältesten Schutzgottheiten. Abgebildet wird er als Mensch in kleinwüchsiger Gestalt mit einem fratzenhaften, Furcht einflössenden Gesicht mit Vollbart (Götterbart). Bes war seit dem Alten Reich ein sehr beliebter Gott, denn seine Zauberkräfte schützten vor Krankheit und Gefahren. In Zusammenarbeit mit der Göttin Hathor wachte er über Sexualität und Geburt. Zudem galt Bes als Gott der Freude und des Tanzes.

Der Tempel von Philea ist zusammen mit denen von Edfu und Dendera einer der besterhaltenen ptolemäischen Tempel. Die Insel Philae, mit ihrer reichen Pflanzen- und Blütenpracht sowie ihren großartigen und ausgedehnten Tempelanlagen einst die Perle Ägyptens, ist den Fluten des Nasser-Sees zum Opfer gefallen. Durch eine Rettungsaktion konnten wenigstens die wichtigsten historischen Denkmäler gerettet und auf der höher gelegenen Nachbarinsel Agilkia wieder aufgestellt werden. Dort kann man heute den gesamten Komplex der Tempel bewundern, die ursprünglich auf Philae standen, das kaum 500 m entfernt liegt. Hier, etwa 50 m südöstlich vom Isistempel liegt der kleine Hathortempel, der von Philometor und Euergetes II. zu Ehren der Hathor erbaut wurde; die Vorhalle und das jetzt verschwundene Allerheiligste wurden unter Augustus hinzugefügt. Die Säulen der Halle, die durch Schranken verbunden waren, sind mit reizvollen Darstellungen geschmückt. Folgende Abbildungen auf diesen Säulen sollen beschrieben, organologisch bestimmt und eingeordnet werden. **(M6)**

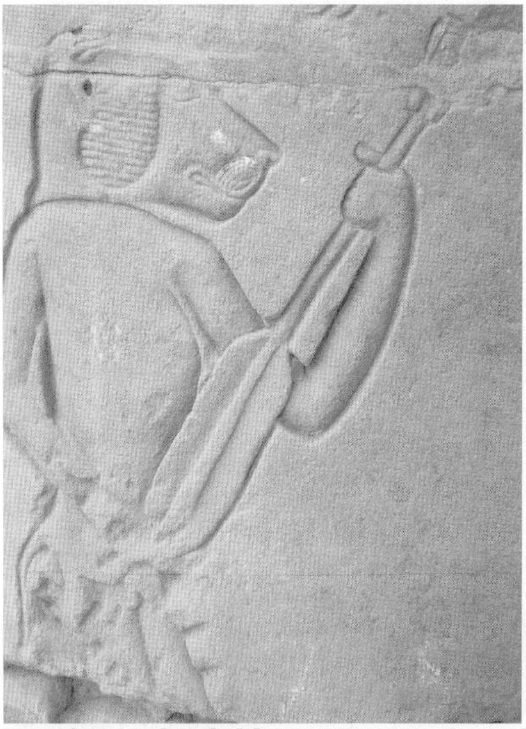

Das hier abgebildete Instrument gehört zur Gattung der so genannten Langhalslauten

Der tanzende Gott Bes spielt die Winkelharfe, die hier in einer stark gewinkelten Kleinform abgebildet ist.

Hier zeigt sich, dass es nicht leicht ist, ägyptische Instrumente von griechischen zu unterscheiden: Darstellung einer Doppeloboe aus dem Neuen Reich, die zumindest der Bauform nach dem griechischen Doppelaulos sehr ähnlich ist.

Gott Bes stützt die Rahmentrommel auf die rechte Handfläche, wobei die linke Hand den Rhythmus schlägt.

2. Stunde

Die Schüler können nun die besprochenen Abbildungen den folgenden Instrumentengruppen zuordnen:

- Chordophone (Langhalslaute, Winkelharfe)
- Membranophone (Rahmentrommel)
- Aerophone (Doppeloboe)

Selbstverständlich waren schon im Alten Reich Idiophone wie Schellen und Glöckchen üblich. Als Ägypten nach Kleopatras Tod römische Provinz wird, tauchen verschiedene Signalinstrumente wie Tuba und Buccina auf, die vor allem von den in Ägypten stationierten römischen Legionären verwendet wurden.

Unterrichtsgespräch

In einer abschließenden Diskussion wird die „Musik Kleopatras“, also die Musik einer Zeit, in der in Ägypten drei Hochkulturen (auch und insbesondere in musikalischer Hinsicht) miteinander verschmolzen sind (Griechenland, Rom und Ägypten) mit der filmmusikalischen Ästhetik verglichen, mit der die Filmmusik Hollywoods unser heutiges musikalisches Bild von der Antike geprägt hat (**M2**). Gemeinsam wird man wohl im Gespräch zum Ergebnis kommen, dass man sich dieser monumentalen Quint-Quart-Inszenierungen nur mit Mühe entziehen kann. An dieser Stelle kann ein kurzer Filmausschnitt aus „Ben Hur“ oder Ähnliches gezeigt werden. Mit Sicherheit ist die „Musik Kleopatras“ viel feiner, subtiler und sinnlicher, als wir sie aus zahlreichen Hollywoodfilmen kennen.

Schließlich kann man die jeweils zeitgenössische Vorstellung von antiker Musik auch an „klassischer Musik“ wie Händel (Julius Cäsar, **M3**) oder Verdi (Aida) und an Gemälden (Mantegna) orientieren. Letztendlich führt die Beschäftigung mit den Bilddokumenten aus dem antiken Ägypten immer zu der Einsicht, wie wenig wir tatsächlich über die Klanglichkeit dieser Musik wissen, wie sehr unsere Vorstellung von antiker Musik aber determiniert ist.

Zwei Texte

Matthias Keller (Stars and Sounds. Filmmusik die dritte Kinodimension, Kassel 1996, S. 93)

„Eher pompös muten dagegen Miklos Rozsas „historische“ Musiken an, denkt man an Filme wie Quo vadis? (1951), Julius Cäsar (1953) oder Ben Hur (1959, für dessen Filmscore Rozsa seinen zweiten Oscar erhielt. Die besondere Problematik bei der Vertonung dieser historischen Sujets lag darin, dass sie in einer Zeit angesiedelt sind, über deren musikalische Gepflogenheiten bis heute nur wenig bekannt ist. Denn anders als sein Kollege Rosenman konnte Rozsa nicht einfach auf eine Originalpartitur zurückgreifen, ja nicht einmal auf ein entsprechendes Instrumentarium. Und wenn wir auch vielleicht inzwischen derartig pompöse Klänge, wie sie Rozsa für die betreffenden Filme kreiert hat, als Inbegriff kitschiger Hollywood-Sinfonik belächeln: sie waren in Wahrheit geradezu revolutionär- und prägen im übrigen bis heute das musikalische Bild, das man sich gemeinhir von dieser frühchristlichen Epoche macht.“

Mikloos Rozsa, Filmkomponist (zitiert nach Matthias Keller, a.a.O., S. 93)

„Niemand würde in Wagners „Meistersingern“ alte Minnesänger-Musik des 16. Jahrhunderts erwarten, oder antike griechische Musik in Strauss` “Elektra“. Und die Orientalismen in „Aida“ oder „Samson und Dalilah“ sind lediglich als Farben benutzt, während es sich im Ganzen um vollblütige romantische Opern handelt. Aber ein Film ist da anders. Da versucht man nicht nur, den Geist vergangener Epochen heraufzubeschwören sondern will diese leibhaftig wiedererstehen lassen – als echte Realität.“

M2: Peter Ustinov in „Quo Vadis“

M3: Titelblatt von Haendels “Julius Caesar”

M4: Verdi´s Aida in Verona

© picture-alliance/Bildagentur Huber

M5: Triumph Caesars (nach Mantegna)

© picture-alliance/akg-images

Instrumente

5 Bellinis Norma oder: Die spinnen, die Römer!

Von Martin Hoffmann

„Wir befinden uns im Jahre 50 v. Chr. Ganz Gallien ist von den Römern besetzt ... ganz Gallien? Nein! Ein von unbeugsamen Galliern bevölkertes Dorf hört nicht auf, dem Eindringling Widerstand zu leisten. Und das Leben ist nicht leicht für die römischen Legionäre, die als Besatzung in den befestigten Lagern Babaorum, Aquarium, Laudanum und Kleinbonum liegen."

So könnte der Prolog zu Bellinis Oper „Norma" lauten. Und tatsächlich entspricht die Lebenswelt von Asterix und Obelix, den beliebten Helden von Rene Goscinny (Text) und Albert Uderzo (Zeichnungen), der der Druidentochter Norma und des von ihr geliebten römischen Prokonsuls Pollione. Neben Druiden agieren Barden, Priesterinnen, gallische Krieger und: Römer. Julius Cäsar beschreibt dieses Gallien bekanntlich in seinem „De bello gallico": „Gallia est omnis divisa in partes tres, quarum unam incolunt Belgae, aliam Aquitani, tertiam qui ipsorum lingua Celtae, nostra Galli appellantur." (Gallien ist in seiner Gesamtheit in drei Teile geteilt, von denen den einen die Belgier bewohnen, den anderen die Aquitanier und den dritten diejenigen, welche in ihrer eigenen Sprache Kelten, in unserer Gallier heißen.) Die Unterrichtssequenz ist auf drei Stunden angelegt.

Fächerübergreifender Unterricht

Geschichte, Latein, Kunst, Deutsch

Hörbeispiel CD Track 5

1. Lernziele der Unterrichtssequenz

Die Schüler sollen

- eine romantische Oper des Belcanto kennen lernen **(M1, M2)**
- verschiedene Faktoren der Ausdrucksintensität in „Casta diva" erarbeiten
- Vincenzo Bellini als hervorragenden Vertreter der italienischen Oper einordnen können **(M3)**
- die dramaturgische Wirkung der Koloratur nachvollziehen können
- Maria Callas als einzigartige Sängerin des 20. Jahrhunderts kennen lernen **(M4)**
- Ingeborg Bachmanns Essay auf Bellinis Norma beziehen können **(M5)**

Unterrichtsmethoden

- Bildbetrachtung
- Unterrichtsgespräch
- Höraufgaben

2. Unterrichtsverlauf

Erste Stunde: Bildbetrachtung

Die Unterrichtssequenz ist auf drei Stunden angelegt. Als Unterrichtseinstieg können Comics aus der bekannten Asterix-Reihe gezeigt werden, um in die Zeit 50 v.Chr. zu führen. Die Bedeutung des gallischen Opferkults, in dem Druiden, Barden und Priesterinnen eine herausragende Rolle spielen, wird im Zusammenhang mit den typisch romantischen Attributen wie „geheimnisvoll", „mystisch", „verboten" und „grauenerregend" verbunden. Ausgehend von einer zeitgenössischen Lithografie werden diese romantischen Sujets nachgewiesen (Bühnenbild zu „Norma" aus dem Jahr 1835 **M1**). Die faszinierende Motivik, die in nächtlicher, vom Mondlicht umstrahlter Lichtung dramatisiert wird, setzt Bellini musikalisch in Szene. Die Arie „Casta diva" wird dabei von Norma als Bitte an die Götter vorgetragen, die Kampfeswut der Gallier zu besänftigen. Sie wird zum einzigartigen Psychogramm einer Frau, deren ganzes Denken und Fühlen einzig von der verbotenen Liebe zu Pollione bestimmt wird. Nach der Einordnung dieser Arie in den dramaturgischen Zusammenhang versuchen die Schüler die einzelnen Bilder des Bilderbogens wieder zusammenzusetzen (die Vorlage finden Sie auf der beiliegenden CD-ROM) (**M6**). Abschließend soll jeder Schüler Texte zu dieser kurzen Bildergeschichte verfassen.

Zweite Stunde

Das Hörbeispiel „Casta diva" wird in den dramaturgischen Kontext gestellt. Dabei sollen insbesondere die Gefühle, die Emotionen und die Affekte Normas beschrieben werden. Beim Hören der Arie sollen folgende musikalische Mittel beschrieben werden, die Normas Seelenzustand nachhaltig beschreiben:

- Dynamik (breit angelegtes crescendo)
- Aufsteigende Melodik
- Synkopierter Rhythmus
- Chromatische Harmonik
- Koloratur

In der Interpretation durch Maria Callas (**M4**) wird ein Hörbeispiel aus den 1950er-Jahren vorgestellt, das unter Umständen mit einer modernen Aufnahme verglichen werden kann. Und hier können im Unterrichtsgespräch unterschiedliche Meinungen und Ansichten zum Thema Stimmästhetik vorgebracht und diskutiert werden. Die Möglichkeit, mit Schülern über Begriffe wie Stimme, Belcanto, Technik und Ausdruck zu sprechen, führt dann zum Inhalt der folgenden Unterrichtsstunde.

Dritte Stunde

Als profunde Kennerin nicht nur der italienischen Musik verfasst Ingeborg Bachmann einen Essay (**M5**), der auch eine Einordnung Vincenzo Bellinis in die italienische Oper des 19. Jahrhunderts beinhaltet. Der Komponist Bellini kann dabei in Form der Kopiervorlage M3 vorgestellt werden. Vorab kann auch durch Legen des Bildpuzzles (M6) die erste Begegnung mit Bellini erfolgen. Davon ausgehend sollen die Schüler versuchen, eine chronologische Ordnung der bei Bachmann genannten Komponisten (Cherubini, Bellini, Rossini, Verdi) zu erstellen, einschließlich ihrer wichtigsten Werke. Zusätzlich soll versucht werden, spezifisch romantische Themenfelder zu erkennen. (Dreieckskonflikt, Wahnsinn, seelische Angstzustände) Als wichtige Interpretin der Norma im 20. Jahrhundert wird Maria Callas vorgestellt. In einem Schülerreferat kann mit einer Biografie der Callas der Bogen zum Bachmannessay gespannt werden. Schließlich kann das Hörbeispiel „Casta diva“ mit Maria Callas mit der Bachmannschen „Hommage a Maria Callas“ verglichen werden.

Aufgabenblatt

Beantworte folgende Fragen: Wie kann es sein,

- dass Bellini mit seiner italienischen Oper gerade Rom als verhasste Besatzungsmacht darstellt, die noch dazu von Pollione, einem egozentrischen Prokonsul, repräsentiert wird?
- dass, in einer italienischen Oper Gallien, alias Frankreich, als unterdrücktes Volk mit einer heroischen Druidenpriesterin die Sympathien der italienischen Zuhörerinnen und Zuhörer auf seiner Seite hat?
- dass eine populäre italienische Oper mit einem erfolgreichen Aufstand gegen die Römer und der Gefangennahme und Aburteilung eines römischen Prokonsuls endet?
- dass eine „antirömische“ Oper sehr rasch in einen durchschlagenden Erfolg umschlägt und Bellini somit die unsterbliche Verehrung seiner italienischen Landsleute bringt?

Historischer Kontext und mögliche Antworten:

Der Blick auf die Verhältnisse in Italien um 1830 hilft, die politische Botschaft der Oper zu dechiffrieren: Die Römer stehen nicht für Italien und die Aufständischen an Loire und Seine nicht für die Gallier. Die Gallier sind in Wahrheit verkleidete Italiener und die Römer sind in Wahrheit Österreicher bzw. deren Satellitenstaaten. Um 1830 erhebt sich das disparate Italien im so genannten *Risorgimento*, einem Prozess, der zur Proklamation Italiens zum Königreich (1861 unter Vittorio Emanuele II.) führte und erst um 1870 mit der vollständigen Wiedervereinigung Italiens endet. Bald lernten die italienischen Patrioten und Opernfreunde den politischen Hintergrund der Oper Norma richtig zu deuten, der natürlich wegen der allgewaltigen Zensur unter dem Einfluss Österreichs verschleiert werden musste. Bekanntlich steht die Entwicklung zum

Königreich spätestens seit den 1850er-Jahren dann sehr eng mit dem Akronym „VERDI“ in Zusammenhang. „Vittorio Emanuele **R**e **D**‘ **I**talia”

Inhalt der Oper Norma

ERSTER AKT

Gallien ist von den Römern besetzt. Unter der Führung Orovesos sammeln sich die Gallier im Heiligtum ihres Gottes Irminsul und hoffen auf ein günstiges Zeichen für den Kampf gegen die Unterdrücker. Die Römer Pollione und Flavio sind in den heiligen Hain eingedrungen. Pollione liebt nun die junge Priesterin Adalgisa, obwohl er mit der Druidin Norma, Orovesos Tochter, bereits zwei Kinder hat. Im Traum sieht er sich von Normas Rache verfolgt. Die Gallier kehren zurück. Norma erscheint und verkündet, die Zeit des Aufstands sei noch nicht gekommen. Sie betet zur Mondgöttin („Casta diva“). Sie spürt, dass sie Polliones Liebe nicht mehr besitzt. Noch kann sie sich nicht entschließen, das Zeichen zum Kampf gegen die Römer zu geben. Pollione will Adalgisa überreden, ihm nach Rom zu folgen. Sie willigt ein. Norma weiß, dass Pollione nach Rom zurückkehren wird. Im Gespräch mit ihrer Vertrauten Clotilde befürchtet sie, er könne sie und die Kinder zurücklassen. Adalgisa, die nichts vom Verhältnis Polliones und Normas weiß, gesteht Norma ihre Liebe, ohne Polliones Namen zu nennen. Eingedenk ihrer eigenen Situation will Norma Adalgisa von ihrem Keuschheitsgelübde entbinden. Als Pollione erscheint, wird schlagartig klar, wem Adalgisas Liebe gilt. Verzweifelt sagt Adalgisa sich von Pollione los. Die Druiden rufen Norma zum Altar.

ZWEITER AKT

Um Pollione zu strafen, will Norma ihre Kinder töten, doch sie bringt es nicht über ihr Herz. Sie ruft Adalgisa. Ihr will sie die Kinder übergeben und auf Pollione verzichten. Doch Adalgisa schwört ihrerseits, Pollione und Norma wieder zu vereinen. Oroveso und die gallischen Krieger drängen Norma vergeblich, endlich das Zeichen zum Aufstand zu geben. Adalgisa ist es nicht gelungen, Pollione zur Rückkehr zu Norma zu bewegen. Voller Zorn ruft Norma die Gallier zu den Waffen. Als Pollione, der auf der Suche nach Adalgisa wieder den heiligen Hain betreten hat, ergriffen wird, sieht sich Norma gerächt. Sie bestimmt ihn zum Opfer für den Gott. Doch sie vermag nicht, ihn zu töten. Sie bietet ihm Freiheit und Leben an, sollte er zu ihr zurückkehren. Doch Pollione lehnt ab. Norma gesteht den Galliern, dass sie durch die Liebe zu Pollione ihr Gelübde gebrochen hat. Sie übergibt ihrem Vater die Kinder und geht mit Pollione in den Tod.

Bühnenbild von Bellinis Norma (farbig auf CD-ROM)

Bilderbogen mit sechs Szenen © picture-alliance/akg-images/Joseph Martin

Biografie Vincenzo Bellini

Vincenzo Bellini wurde im November 1801 in Catania (Sizilien) geboren, wo sein Großvater und sein Vater als Domkapellmeister wirkten. Von seinem Großvater erhielt er seinen ersten Musikunterricht. Schon früh begann er zu komponieren.

Die Herzogin von Sammartino wurde auf den jungen Bellini aufmerksam, und ermöglichte ihm ein Studium am Konservatorium San Sebastian in Neapel. 1819 ging er nach Neapel, wo er zunächst von Giovanni Furno, Giacomo Tritto und Carlo Conti unterrichtet wurde. Ab 1822 erhielt er bei Nicola Zingarelli Unterricht.

1825 debütierte er mit seiner ersten Oper Adelson e Salvini, die auf der Bühne des Konservatoriums aufgeführt wurde. Ein Jahr später erhielt er den Auftrag, eine Oper für San Carlo in Neapel zu schreiben. Der große Erfolg Bianca e Fernando öffnete Bellini den Weg zur Mailänder Scala.1827 zog Bellini nach Mailand. Dort traf er auf den Librettisten Felice Romani. Romani sollte, bis auf die letzte Oper, alle Libretti für Bellini schreiben.

Bellinis dritte Oper Il Pirata wurde noch 1827 in der Scala uraufgeführt und enthusiastisch aufgenommen. Dieses frühe Werk Bellinis ist noch stark durch den Belcanto geprägt. Im Laufe der Zeit wandte sich Bellini davon ab und vereinfachte die harmonischen, kontrapunktischen und instrumentalen Mittel zugunsten des musikalischen Ausdrucks. In den folgenden acht Jahren schrieb er sieben weitere Opern.

Zwei Meisterstücke La Sonnambula und Norma sogar innerhalb des Jahres 1831. Aufgrund des Misserfolgs der 1833 geschriebenen Oper Beatrice di Tenda kam es zu Streitereien zwischen Bellini und Romani, die zu einer endgültigen Trennung der beiden führten. Das Libretto für seine letzte Oper I Puritani, die er 1835 beendete, schrieb deswegen Carlo Pepoli. Die Uraufführung von I Puritani im Pariser Théâtre Italien war ein großartiger Erfolg aber auch sein letzter. Wenige Monate später, am 24. September 1835, starb er in Puteaux bei Paris.

Der frühe Tod Bellinis wurde in ganz Europa beklagt. Sein Freund Donizetti widmete ihm die Messa da Requiem und ein Lamento. 1876 wurde der einbalsamierter Körper Bellinis nach Catania überführt.

Maria Callas in Bellinis „Norma“

Die italienische Sopranistin griechischer Herkunft wurde am 2.12.1923 in New York geboren und studierte 1937 am Nationalkonservatorium in Athen. 1938 gab sie ihr Debüt als Santuzza in Mascagnis "Cavalleria rusticana" am Athener Opernhaus. Ab 1950 feierte sie große Erfolge an der Mailänder Scala und 1956 debütierte sie an der Metropolitan Opera in New York. Ihre virtuose Stimme und die einzigartige Koloraturtechnik machten sie weltberühmt. In den 1960er-Jahren zog sich Maria Callas von der Bühne zurück, kehrte allerdings 1969 ins Rampenlicht zurück, als sie die Titelrolle in Pasolinis Film "Medea" übernahm. Maria Callas starb am 16.9.1977 in Paris.

Ingeborg Bachmann „Hommage á Maria Callas“ (Auszug)

Ich habe mich immer gewundert, daß diejenigen, die Maria Callas gehört haben, nicht darüber hinausgekommen sind, in ihr eine außerordentliche, allen Fährnissen unterworfene Stimme zu hören. Es hat sich wohl nicht nur um eine Stimme gehandelt, oh keineswegs, in einer Zeit, in der so viele ausgezeichnete Stimmen zu hören waren. Maria Callas ist kein »Stimmwunder«, sie ist weit davon entfernt, oder sehr nah davon, denn sie ist die einzige Kreatur, die je eine Opernbühne betreten hat. Ein Geschöpf, über das die Boulevardpresse zu schweigen hat, weil jedes seiner Sätze, sein Atemholen, sein Weinen, seine Freude, seine Präzision, seine Lust daran, Kunst zu machen, eine Tragödie, die zu kennen im üblichen Sinn nicht nötig ist, evident sind. Nicht ihre Koloraturen, und sie sind überwältigend, nicht ihre Arien, nicht ihre Partnerschaft allein ist außerordentlich, sondern allein ihr Atemholen, ihr Aussprechen. M[aria] C[allas] hat eine Art, ein Wort auszusprechen, so, daß jedem, der nicht jedes Gehör verloren hat, aus Abgestumpftheit oder Snobismus, immer auf der Jagd nach frischen Sensationen des lyrischen Theaters [– – –] sie wird nie vergessen machen, daß es Ich und Du gibt, daß es Schmerz gibt, Freude, sie [ist] groß im Haß, in der Liebe, in der Zartheit, in der Brutalität, sie ist groß in jedem Ausdruck, und wenn sie ihn verfehlt, was zweifellos nachprüfbar ist in manchen Fällen, ist sie noch immer gescheitert, aber nie klein gewesen. Sie kann einen Ausdruck verfehlen, weil [sie] weiß, was Ausdruck überhaupt ist.

Sie war zehn oder mehr Male groß, in jeder Geste, in jedem Schrei, in jeder Bewegung, sie war, was ‹. . .› an die Duse denken läßt: ecco un artista. Sie hat nicht Rollen gesungen, niemals, sondern auf der Rasierklinge gelebt, sie hat ein Rezitativ, das altbacken schien, neu gemacht, ach nicht neu, sie war so gegenwärtig, daß alle, die ihr die Rollen geschrieben haben, von Verdi bis Bellini, von Rossini bis Cherubini, in ihr nicht nur die Erfüllung gesehen hätten, sondern weitaus mehr.

Ecco un artista, sie ist die einzige Person, die rechtmäßig die Bühne in diesen Jahrzehnten betreten hat, um den [Zuhörer] unten erfrieren, leiden, zittern zu machen, sie war immer die Kunst, ach die Kunst, und sie war immer ein Mensch, immer die Ärmste, die Heimgesuchteste, die Traviata.

Sie war, wenn ich an das Märchen erinnern [darf], die natürliche Nachtigall dieser Jahre, dieses Jahrhunderts, und die Tränen, die ich geweint habe – ich brauche mich ihrer nicht zu schämen. Es werden soviel unsinnige geweint, aber die Tränen, die der Callas gegolten – sie waren so sinnlos nicht. Sie war das letzte Märchen, die letzte Wirklichkeit, deren ein Zuhörer hofft, teilhaftig zu werden.

Sie hat immer direkt getroffen, auf den Umwegen über Libretti, über Figuren, zu denen man Liebe haben muß, um sie akzeptieren zu können. Sie war der Hebel, der eine Welt umgedreht hat, zu dem Hörenden, man konnte plötzlich durchhören, durch Jahrhunderte, sie war das letzte Märchen.

Es ist sehr schwer oder sehr leicht, Größe anzuerkennen. Die Callas – ja, wann hat sie gelebt, wann wird sie sterben? – ist groß, ist ein Mensch, ist unvertraut in einer Welt der Mediokrität und der Perfektion.

Bilderpuzzle

6 Giacomo Puccini: Turandot

von Manfred Johannsen

Der Baustein kann je nach Ausdehnung der praktischen Arbeit vier Stunden oder auch mehr umfassen. Er soll dem Aspekt des „Fremden“ in der Oper weniger in der eingehenden Behandlung des Sujets und seiner Hintergründe als im zumeist praktischen Nachvollzug der speziellen Kompositionsstrukturen nachgehen. Insofern bleiben auch Aspekte des Wort-Ton-Verhältnisses in diesem Zusammenhang weitgehend ausgeklammert.

Hörbeispiele: CD Track 6 bis 12

1. Ziele und Absichten

Die Schüler sollen

- die Pentatonik als zentrales strukturelles Element erkennen und improvisierend umsetzen können
- die Spielsätze angemessen musizieren können
- die unterschiedliche Verwendung einer zentralen Melodie hörend erkennen können
- den zeremoniellen Charakter der Kaiser-Szene hörend und agierend nachempfinden können
- weitere Aspekte des „Fremden“ aufgrund der Spielsätze und der Hörbeispiele benennen können.

Zur Sachanalyse s. **M1**

2. Unterrichtsverlauf

Vorbemerkung zu den Stunden:

Um dem Klangcharakter des „Fremdartigen“ bzw. der im Zentrum stehenden Musik nahe zu kommen, ist neben den üblichen je nach Lerngruppe zur Verfügung stehenden Instrumenten vor allem die Verwendung von chromatischen Xylofonen, Metallofonen etc., aber natürlich auch des Klaviers, wünschenswert. Für die Schlaginstrumente empfehlen sich helle Klangfarben; an die Stelle des mutmaßlich zumeist nicht vorhandenen Gongs sollten Becken etc. treten. Auch die vielfältigen Möglichkeiten des Keyboards dürften im Sinne des Klangerlebnisses hilfreich sein. Insbesondere die ausgedehnteren Spielsätze bieten die Möglichkeit, auch nur abschnittweise zu musizieren

1. Stunde

Die Schüler werden gebeten, sich auf ihren Instrumenten die „schwarzen Tasten“ zu suchen. Bei Vorgabe eines gleichmäßigen Pulses sollen erst Viertel, dann Achtel gespielt werden. Als nächstes soll auf dem Puls improvisiert werden. Variante für solistisches Improvisieren: Der Lehrer spielt die Akkordfolge Fis-Gis-Cis-Fis in einem beliebigen rhythmischen Begleit-Pattern. Das Prinzip „Pentatonik“ wird nun in einem kurzen Lehrervortrag erläutert (hierzu

s. auch **M10**) und in einer kurzen Übungsphase nach C-Dur übertragen. Sodann wird der Spielsatz zu „La sui monti dell'Est" **(M3)** eingegeben und musiziert. Alternativ kann die Passage auch gesungen werden **(M4)**; Spielsatz und Originalnoten stehen jedoch aus musizierpraktischen Gründen bewusst nicht in derselben Tonart.

Um die Herkunft der Spielsätze im weiteren Verlauf der Stunden sinnig einordnen zu können, wird jetzt die Handlung der Oper erläutert **(M2)**. Abschließend werden die beiden Musikbeispiele aus dem 1. Akt, in denen diese Melodie verwendet wird, gehört und verglichen.

2. Stunde Der Spielsatz **(M8a)** wird eingegeben und musiziert. Die strukturellen Merkmale werden erörtert:

- Was fällt euch bei der Betrachtung der einzelnen Stimmen auf?

Der Begriff „Heterophonie" (unterschiedliche Melodieverläufe gleichen Tonmaterials, die gleichzeitig erklingen) wird geklärt. Der Spielsatz aus dem 3. Akt der Oper **(M8b)** wird musiziert; nachfolgend die Fragen geklärt:

- Welches Tonmaterial liegt zugrunde?
- Wie viele verschiedene Verläufe sind zu erkennen?

Ergänzend kann die entsprechende Partiturseite eingegeben und die Verteilung auf die Instrumente thematisiert werden (je nach Lerngruppe bietet sich hier auch ein Blick auf die transponierenden Instrumente etc. an). Vertiefend kann ein Text zum Thema „Bedeutung der Pentatonik" eingegeben und das Lied „Loch Lomond" zum Vergleich herangezogen werden **(M9)**.

3. Stunde Die Noten der Szene zwischen Kalaf und dem Kaiser im 2. Akt wird eingegeben **(M11)**, der Text wird gelesen, ggf. auch mit angedeuteter Szene. Sodann wird die Musik gehört.

- Was ist zum Verhältnis von Singstimme und Begleitung zu sagen?
- Welche Wirkung geht davon aus?

Die Szene wird unter Zuhilfenahme des Notentextes musikalisch und schauspielerisch erarbeitet, wobei die Orchestereinwürfe sinnig auf vorhandene Instrumente verteilt werden.

4. (und 5.) Stunde Zur Verfügung stehen drei Sätze aus dem musikalischen Material der Oper **(M5, M6, M7)**, die zumindest alle einmal angespielt werden sollten. Am Schluss der ausgedehnten Spielphase sollten die entsprechenden Hörbeispiele aus der Oper gehört und danach einige Punkte zusammengefasst werden:

Seite 88

- Welche Elemente der Musik, die Ihr in den vergangenen Stunden gehört und gespielt habt, kamen Euch „fremdartig“ vor?

Es sollte hier zu Ergebnissen kommen wie:
- Pentatonische Melodieführung, auch in Parallelabständen
- Unbegleiteter Gesang
- Taktwechsel
- Sich ständig wiederholende Figuren (Ostinati)
- Spezielle klangfarblich ausgeprägte Instrumente (Gong, Xylofon)
- Besonderheiten in der Melodik

Lernzielkontrolle

Das Rätsel „Turandot“ (**M12**) dient zum Abschluss der Einheit und prüft die vorgestellten Lerninhalte ab.

Hinweise

Nützliche Literatur

- Höslinger, Clemens: Puccini, Reinbek 1984
- Korfmacher, Peter: Exotismus in Puccinis „Turandot“, Köln 1993
- Pahlen, Kurt: Turandot, in „Opern der Welt“, Mainz 1998
- Schickling, Dieter: Giacomo Puccini – Biographie, Stuttgart 1989
- Stoll, Rolf W.: Musik in China – Zur außereuropäischen Musik im Unterricht, Regensburg 1987
- Volpers, Wolfgang: Giacomo Puccinis „Turandot“, Laaber 1994

Nützliche Links:

- http://www.giacomo-puccini.de
- http://www.operaitaliana.com
- http://www.puccini.it
- http://www.wikipedia.de

Sachanalyse

Allgemeine Anmerkungen

Giacomo Puccini, 1858 im italienischen Lucca geboren, schrieb zwölf Opern, von denen die meisten zum ständigen Repertoire der Opernhäuser in aller Welt gehören. Seine letzte Oper „Turandot" konnte er nicht mehr vollenden; er starb 1924 an Kehlkopfkrebs. Bei der Uraufführung der „Turandot" 1926 in der Mailänder Scala legte der Dirigent Arturo Toscanini den Taktstock aus der Hand, wandte sich dem Publikum zu und sagte: „Hier endet das Werk des Meisters". Nach langem Schweigen brachen ungeheure Ovationen los. Die Oper wurde später nach vorhandenen Skizzen von Franco Alfano vollendet.

Um 1900 spielten „Exotismen" in der europäischen Musik eine zunehmend große Rolle. Eine lange Tradition ging dem voraus, zu denken ist hier vor allem an Mozarts „Entführung aus dem Serail" als bekanntestes Beispiel für eine Vielzahl von „Türkenopern" in seiner Zeit. Während hier allerdings das „Anderssein" oft nur kolorierende, wenn nicht gar karikierende Bedeutung hat, wird etwa in Bizets „Carmen" das exotische Element zum integralen Bestandteil der Musik und geht eine glaubhafte Synthese mit der Handlung ein.

Die Pariser Weltausstellungen 1867 und – mehr noch – 1889 waren dem Eindringen außereuropäischer Kunstmittel in die europäische Musik sehr förderlich, so entnahm etwa Claude Debussy der javanischen Gamelan-Musik wichtige Impulse für sein kompositorisches Vokabular. Puccini wiederum ließ sich von Debussy beeinflussen; ähnlich wie er übernahm er exotisch angeregte Stilmittel (wie etwa Ganztonleiter oder Pentatonik) als generell bestimmendes Element in seine Kompositionen.

Auch vor „Turandot" zeigt sich bei Puccini eine Neigung zu außereuropäischen Stoffen; so etwa bei der von indianischer Folklore durchzogenen Western-Oper „La fanciulla del West" (Das Mädchen aus dem goldenen Westen) oder – mehr noch – bei der in Japan spielenden Oper „Madame Butterfly". In allen Fällen greift Puccini auf authentische Vorlagen zurück, die er z.T. mühsam recherchierte.

Zu den „exotischen" Stilmitteln in „Turandot" dürften gehören: die vielfache Verwendung pentatonischer Melodien, (z.T. original, z.T. nachempfunden), die auf ungewohnten Fortschreitungen basierende Melodik (vgl. **M7**), die Ostinati (hier ist auch Strawinskys Einfluss zu merken). In der Instrumentation findet man eine Vielzahl ausgeklügelter Farben durch besondere Instrumente: So verlangt Puccini neben einem an sich schon reichhaltigen Schlaginstrumentarium noch zwölf chinesische Gongs, Tamtam, Röhrenglocken, Glockenspiel, Xylofon und Bass-Xylofon. Der gesamte orchestrale Aufwand wirkt überaus pompös: zusätzlich zu all dem werden auf der Bühne noch zwei Saxofone, sechs Trompeten, vier Posaunen, Holztrommel und tiefer Gong verlangt.

Ein spezieller Punkt sind die Taktwechsel, die in einschlägigen Untersuchungen als nicht spezifisch chinesisch beschrieben werden, wohl aber in ihrer Unregelmäßigkeit „Fremdartiges" suggerieren sollen.

Zu den Spielsätzen/Hörbeispielen:

M3, M4: („La sui monti dell' Est")

An dieser Stelle singt ein Knabenchor hinter der Szene erstmalig die mit sehnsüchtigem Text unterlegte Melodie, die Turandot zugeordnet ist:

**„Fern auf den Bergen im Ost
klagt der Kranich sein Weh,
Weich dem Lenze, Winterfrost,
Sonne, schmilz den weißen Schnee. (usw.)**

Diese Melodie ertönt erstmalig in dem Moment, als sich die vormals nahezu hysterische Menge ein wenig beruhigt hat und die Hinrichtung eines persischen Prinzen bevorsteht. Dieser Hinrichtung wohnt Turandot bei; ihr erstmaliges Erscheinen in der Oper (noch ohne Gesang) wird vom selben Motiv begleitet, nun aber fortissimo vom gesamten Orchester gespielt.

M5: („Fermo, che fai")

Diese Melodie ist von Taktwechseln und einem tänzerischen Duktus geprägt; sie stellt einen bewussten Kontrast zur Düsternis des eigentlichen Geschehens dar. Mit einer Art Galgenhumor kommentieren die drei Minister Ping, Pang und Pong das Geschehen; für sie ist der Prinz ein weiterer Verrückter, der sich in den Kopf gesetzt hat, Turandot zu erobern – und der ihrer Meinung nach genauso enden wird wie alle anderen. Sie versuchen ihn im Laufe der Oper immer wieder davor zu bewahren, ihn zu anderen Dingen zu verlocken – vergebens. Die Funktion und Charakteristik der Figuren sind der Tradition der italienischen „Commedia dell'arte", ursprünglich eine Stegreifkomödie im 16. Jahrhundert, entlehnt. Sie werden satirisch-kommentierend eingesetzt und stellen ein vergleichsweise volksnahes Bindeglied zwischen dem fremden – auch befremdenden – Geschehen und dem Publikum dar.

M6: („Notte senza lume")

In diesem Beispiel – etwas weiter im 1. Akt – ist das Prinzip des Taktwechsels noch ausgeprägter, weil hier durch den 5/8-Takt das Metrum durchbrochen wird. Auch hier liegt die Absicht der Minister darin, Kalaf zur Umkehr zu bewegen.

M7: („Vi ricordate")

Dieses Beispiel ist dem 2. Akt entnommen, dessen 1. Bild den Ministern alleine gehört. Sie lassen ihre Situation Revue passieren, erinnern sich an die eine oder andere Hinrichtung und sehnen sich nach ihrem Zuhause. Auch Kritik an ihrem Arbeitsplatz fehlt nicht: „Wir sind weiter nichts als echte, etwas bess're Henkersknechte, Minister des Henkers". Die Parallelführung der fast durchgängig pentatonischen Melodie in Quarten und Quinten, verbunden mit den Farben der gleichzeitigen Verwendung von Celesta, Glockenspiel und Xylofon und den begleitenden Ostinati suggeriert hier in hohem Maße Fremdländisches. Die aus dem 1. Akt entnommene Melodie des Chores, die sich an den Henker richtet („Spritz mit Öl und dreh den Stein, das schärft die Schneide, der Prinzessin ist das eine Augenweide"), greift hier zweimal in die Betrachtungen der Minister ein – einmal leise und bedrohlich, dann laut und aggressiv. In dieser Melodie fällt übrigens die phrygische Sekunde (im Spielsatz „es") und der Verzicht auf den Leitton auf.

M8: („Che vuoi? Richezze?“)

An dieser Stelle im 3. Akt haben die Minister wieder einen Versuch gestartet, auf Kalaf einzuwirken. Er hat die Rätsel gelöst, hat Turandots Entsetzen gespürt und verkündet, dass er sie nur erobern wolle, wenn sie „ganz von Liebe glühe“. Daher hat er ihr ein Rätsel aufgegeben: sie solle seinen Namen erraten. Die Aufregung unter dem Volk ist entsprechend groß; die flirrende Klangfläche, in der Puccini sich des kompositorischen Mittels der Heterophonie bedient, legt davon Zeugnis ab. Die Töne d, e, g und a – also nur vier der fünf Töne der pentatonischen Skala – liegen dieser Stelle zugrunde. Unterschiedliche melodische und rhythmische Bewegungen sind festzustellen, so etwa die Oboen mit Staccato-Achteln, der Chor mit einem doppelt punktierten motivischen Einwurf, die hohen Flöten in Halben oder die Sechzehntel der Violinen, teilweise mit den Bratschen gegenläufig spielend. Kalaf wird hier vom Chor und von den Ministern immer suggestiver bedrängt; die Reaktion fällt jedoch wie vorher aus: „Vergeblich alles Flehen und Drohen – die Welt gehe zugrunde, ich will Turandot!“.

M9:

Das Lied „Loch Lomond“ ist bis auf sehr wenige Töne durchgängig pentatonisch. Im gesamten Strophenteil ist nur das im Auftakt enthaltene e sowie das b bei „ever want to gae“ nicht in der Skala vorhanden; im Refrain wiederholen sich genau diese beiden Abweichungen. Ansonsten ist die pentatonische Skala in diesem Lied überaus dominierend.

Das vom Englischhorn gespielte Hauptthema des 2. Satzes aus der Sinfonie Nr. 9 e-Moll op. 95 „Aus der Neuen Welt“ wird gelegentlich wegen seines melancholischen Charakters auch bildhaft „Lied der Prärie“ genannt. Es benutzt in seiner ersten Phrase die ersten vier Töne der pentatonischen Leiter in Des-Dur.

Auch die chinesische Kaiserhymne ist in ihrer Struktur pentatonisch; ihre erst quasi ostinate, dann von unregelmäßigeren Intervallen bestimmte Abfolge in der Melodiebildung (insbesondere zum Schluss hin) und ihre Hinwendung nach Moll lassen sie bei prinzipiell gleichem Tonmaterial um einiges „fremdartiger“ erscheinen.

M11: („Un giuramento“)

Diese Szene weist einen sehr strengen, zeremoniellen Charakter auf. Starre Formelhaftigkeit bestimmt auch musikalisch die Szenerie. Sie beginnt mit Trompetensignalen, gefolgt von einem fortissimo-Einwurf des gesamten Orchesters (inklusive Gong). Dieser wird jeweils nach einer gesungenen Phrase des Kaisers wiederholt und suggeriert die noch vorhandene Macht des ansonsten greisen Herrschers. Der eigentliche Gesang bleibt komplett unbegleitet. Sowohl der Kaiser als auch der stereotyp sein Ansinnen wiederholende Kalaf bewegen sich melodisch in einem starr wirkenden pentatonischen Rahmen. Das Orchester wiederholt mit hellen, perkussiven Klangfarben (Celesta, Glockenspiel, hohe Holzbläser) die von Kalaf vorher gesungene melodische Formel; beim dritten Mal allerdings in einer triolischen Variante, die – zusammen mit der Anweisung „cresc. e affrettando“, dann „tornando a tempo“ (lauter werdend und vorangehend, dann ins Tempo zurückkehrend) – vermehrte innere Aufregung Kalafs verdeutlicht. Bass-Xylofon, Gong, Triangel und Streichertremoli fügen dieser Szene in leisen Einwürfen mit fahler Farbgebung eine gespenstische Note hinzu.

Giacomo Puccini: Turandot – die Handlung

1. Akt: Vor den Mauern der Kaiserstadt

Ein Mandarin verkündet dem Volke: „Prinzessin Turandot wird den ersten fürstlichen Brautwerber heiraten, der ihre drei Rätsel löst. Löst er diese nicht, wird er geköpft.“ Ein weiterer Brautwerber, der Prinz von Persien ist gescheitert und wird nun hingerichtet. Das Volk ist freudig erregt, und erwartet voller Ungeduld das neue Schauspiel.

Im Volk ist auch Timur, ein flüchtiger Tatarenkönig, mit der Sklavin Liù. Timur stürzt, Liù schreit um Hilfe. Ein junger Unbekannter hilft ihnen, und es stellt sich heraus, dass dies Kalaf, der Sohn des Flüchtigen ist. Als nun bei Mondaufgang der Prinz von Persien zum Schafott gebracht wird, schlägt die Stimmung des Volkes beim Anblick des attraktiven Prinzen in Mitleid um. Es bittet die Prinzessin um Erbarmen, doch diese bleibt hart. Die Prinzessin erscheint, und Kalaf, der diese verfluchen will, verliebt sich sofort in sie. Trotz der Warnung Liùs, seines Vaters und des Prinzen Todesurteil vor Augen, will Kalaf den Gong schlagen, um der nächste Werber zu sein.

Auch Ping, Pang und Pong, die Minister des Kaisers sind beim Volk erschienen, und versuchen Kalaf noch von seinem Vorhaben abzubringen. Liù erzählt nun Kalaf, wie es ihr und seinem Vater auf der Flucht ergangen war, und offenbart Kalaf, dass sie ihn liebe. Kalaf bittet Liù, was immer auch geschehe, dass sie sich immer um seinen Vater kümmern solle.

Trotz aller Bemühungen Kalaf von seinem Vorhaben abzuhalten, stürmt er auf den Gong zu und schlägt diesen drei Mal.

2. Akt – 1. Bild: Pavillon

Die Minister Ping, Pang und Pong unterhalten sich über die Geschichte Chinas vom Ursprung bis zu Turandot. Sie klagen insgeheim über die Grausamkeiten der Prinzessin Turandot, und träumen von einem sorgenfreien Leben auf ihren ländlichen Gütern, erkennen aber insgeheim, dass sie vom Hofe nicht mehr wegkommen werden. Von draußen hören sie die lauter werdenden Schreie des Volkes, das sich schon auf die neue Hinrichtung freut. Der Lärm des Volkes führt die drei Minister wieder in die Wirklichkeit zurück. Die Stunde der Prüfung ist nahe.

2. Bild: Großer Platz vor dem kaiserlichen Palast

Auf seinem Throne sitzt der Kaiser. Er versucht nochmals Kalaf von seinem Vorhaben, die Prinzessin zu heiraten abzubringen. Doch Kalaf besteht darauf. Ein Mandarin liest nochmals die Regeln und Gesetze vor.

Die Prinzessin Turandot erscheint. Sie erzählt dem Volke von ihrer, von Tataren geraubten Ahnfrau Lo-uling und dass sie, jedem, der es wagt sie zur Frau zu nehmen, aus Rache das Leben nehmen will. Danach gibt sie Kalaf die drei Rätsel auf. Doch zu ihrer Überraschung löst er alle drei.

Entsetzt bittet sie den Kaiser, sie nicht dem Fremdling auszuliefern. Der Kaiser sagt jedoch, dass er sein Wort halten müsse. Kalaf bietet Turandot jedoch einen Ausweg an. Er, der unbekannte Prinz will sie des Eides lossagen, wenn Turandot bis Sonnenaufgang herausfindet, wie er heiße; und sie kann dann über sein Leben gebieten. Falls nicht, wird sie seine Frau. Der Kaiser willigt ein.

3. Akt – 1. Bild: Garten des Palastes

Die Prinzessin hat angeordnet, dass in dieser Nacht keiner schlafen darf, bis nicht der Name des Unbekannten herausgefunden sei. Die drei Minister finden Kalaf und bieten ihm alles Mögliche an, um ihn von Turandot abzubringen; Reichtum, schöne Frauen und Ruhm. Doch Kalaf ist siegessicher. Da werden Timur und Liù, die Tags zuvor mit Kalaf im Gespräch gesehen wurden, von Soldaten herbeigeschleppt.

Turandot kommt hinzu. Sie erhofft nun den Namen zu erfahren. Liù behauptet, nur sie kenne den Namen des Fremden, aber selbst unter der Androhung von Folter gibt sie ihn nicht preis. Als Turandot sie fragt, woher diese Widerstandskraft kommt antwortet diese, es sei die Liebe, welche auch die Prinzessin noch kennenlernen werde. Da Liù befürchtet, unter der Folter Kalafs Namen doch preiszugeben, entwendet sie einem Soldaten einen Dolch und ersticht sich. Das Volk ist erschüttert. Liùs Leichnam wird weggetragen, vom Volk begleitet.

Kalaf und Turandot sind nun allein. Kalaf wirft Turandot ihre Grausamkeit vor. Er reißt ihr den Schleier vom Kopf und küsst sie leidenschaftlich. Nun erst bricht ihr Widerstand. Sie erzählt ihm, dass sie ihn vom ersten Augenblick an gefürchtet, aber auch geliebt habe. Nun teilt Kalaf ihr seinen Namen mit und begibt sich in ihre Hand.

2. Bild: Außenseite des kaiserlichen Palastes

Turandot und Kalaf erscheinen vor dem Kaiser. Turandot verkündet seinen Namen, *Liebe*. Unter dem Jubel des Volkes sinken sich beide in die Arme.

Quelle: Wikipedia

M 3: Spielsatz zu "La sui monti dell' Est" (Fern auf den Bergen im Ost)
- Knabenchor, 1. Akt/Orchester, 1. Akt -

21
I
II
III
IV
V
27
I
II
III
IV
V
33
I
II
III
IV
V

Klavierauszug zu „La sui monti dell´ Est“

o - di tu mil - le vo - ci so - spi - rar: Prin - ci -
hin ans Meer seuf - zen tau - send Her - zen schwer: Frau Prin -
- pes - sa, scen - di a me! Tut - to fio - ri - rà, tut - to splende -
zes - sin, stil - le mein Weh! Dann blüht auch der Lenz, dann vergeht der
pp
pp
- rà! Ah!
Schnee. Ah!
pp
pp

Spielsatz zu „Fermo, che fai“ – 1. Akt

Spielsatz zu „Notte senza lume“

Spielsatz zu „Vi ricordate“

10

Spielsätze

8a: Spielsatz: Beispiel für Heterophonie (nach Peter Korfmacher)

8b: Spielsatz: "Ah ah, che vuoi?" (Was denn? Den Reichtum) - Chor, 3. Akt -

Arbeitsblatt zu Aspekten der Pentatonik

EINZUGSMARSCH
Chinesische Ritualmusik

A. Dvorak, Sinfonie Nr. 9 (Aus der Neuen Welt), 2. Satz

LOCH LOMOND
Volkslied aus Schottland

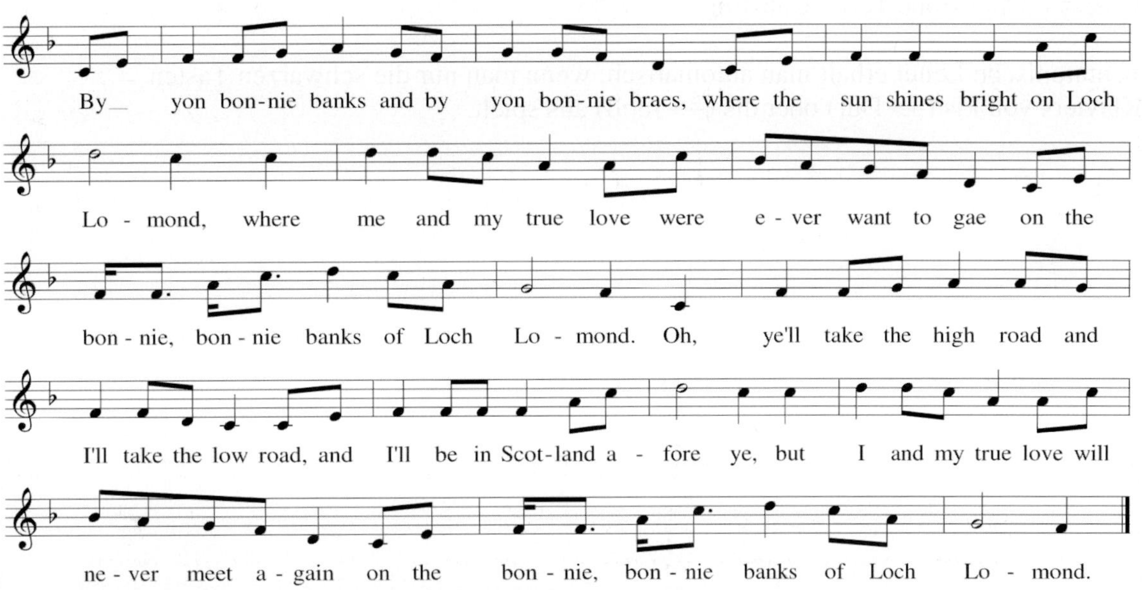

"Pentatonische Melodik bedarf kaum zusätzlicher Unterstützung [...]. Pentatonik [...] ist allgemein verständlich und wird unproblematisch mit osteuropäischer Musik assoziiert."
(aus: Peter Korfmacher, Exotismen in Puccinis "Turandot")

Spiele bzw. singe die Melodien und untersuche sie auf ihre pentatonische Struktur hin! Kannst du Unterschiede zwischen den "europäischen" und den chinesischen Melodien feststellen?

Information Pentatonik

Dur-Pentatonik

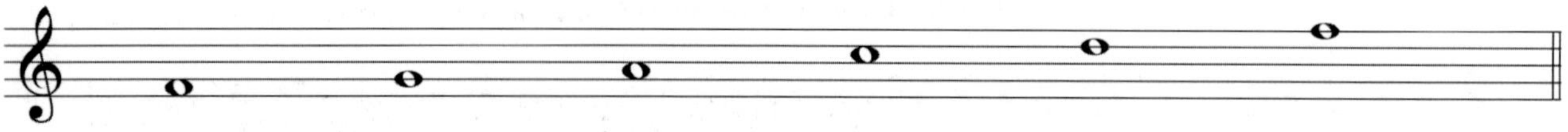

Moll-Pentatonik

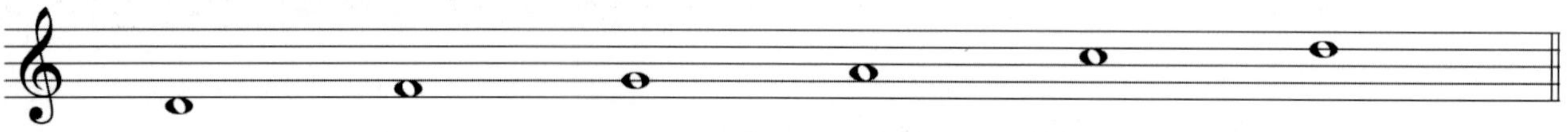

Bei gleichem Grundmaterial, hier mit f als Ausgangspunkt, entstehen zwei grundlegende pentatonische Modi, die in ihrem Aufbau keinerlei Halbtöne aufweisen, sondern nur Ganztöne und kleine Terzen.

Dur: 2 Ganztöne - Terz - Ganzton - Terz
Moll: Terz - 2 Ganztöne Terz - Ganzton

Die pentatonische Leiter erhält man automatisch, wenn man nur die schwarzen Tasten des Klaviers von Fis (--> Dur) oder dis (--> moll) aus spielt.

Ausschnitt 2. Akt

IL PRINCIPE
DER PRINZ
(con fermezza)
(mit Bestimmtheit)
Fi - glio del cie - lo, io chiedo d'affron_tar la
O Sohn des Him - mels, lass mich be_ste_hen die_se
L'IMPERATORE
DER KAISER
Gio_vi_ne, va'!
Jüngling, hin_weg!
IL PRINCIPE
DER PRINZ
pro _ va!
Pro _ be!
L'IMPERATORE
DER KAISER
(quasi supplichevole)
(fast flehentlich)
Fa ch'io pos_sa mo_
Lass mich ster_ben,
p
L'IMPERATORE
DER KAISER
_rir sen_za por_ta_re il pe - so del - la tua gio - vi_ne vi - ta!
oh_ne dass dein jun_ges Le - ben mir noch die See - le be - la - ste!
IL PRINCIPE
DER PRINZ
(con maggiore forza)
(bestimmter)
Fi - glio del cie - lo! Io chie_do d'affron_tar la pro - va!
O Sohn des Him - mels, ich will be_ste_hen die_se Pro - be!
37
sf
sf

L'IMPERATORE
DER KAISER
Non vo - ler, non vo - ler che
Wol - le nicht, wol - le nicht, dass
mf
L'IMPERATORE
DER KAISER
s'empia an - cor d'or - ror la Reggia, il mon - do!
noch ein - mal die Welt be - be vor Grau - en!
38
sf
sf
IL PRINCIPE (con forza crescente)
DER PRINZ (immer bestimmter)
Fi - glio del cie - lo! Io chiedo d'affrontar la pro - va!
O Sohn des Him - mels, lass mich be - ste - hen die - se Pro - be!
3
3
f staccato
L'IMPERATORE
DER KAISER
(con ira, ma con grandiosità)
(zornig, aber gross)
f
Stra - nie - ro eb - bro di
Du to - des - trun - ke - ner
cresc. e affrettando tornando........... a tempo

L'IMPERATORE
DER KAISER
(La folla si alza.)
(Die Menge erhebt sich)
mor_te! E sia! Si compia il tuo de_sti_no!
Fremdling! Wohl_an! So vol_len_de sich dein Schick_sal!
39
lunga
sf
lunga
f
(Gong)
sf

Rätsel

Rätsel

1. Figur von 3 Noten statt 2 oder 4
2. Zusammenklang vOn mehreren verschiedenen Tönen
3. tiefe Frauenstimme
4. asiatisches Musikinstrument
5. Musik in Indonesien
6. Teilabschnitt einer Bühnenhandlung
7. Musikgattung
8. Name des Prinzen
9. laut
10. hohe Frauenstimme
11. Tasteninstrument
12. Notenbuch
13. einer der drei Minister
14. Geburtsort von Puccini
15. Streichinstrument
16. hohe Männerstimme
17. Festgesang
18. Oper von Puccini
19. immer wiederkehrendes Motiv
20. Musikinstrument
21. Mailänder Opernhaus
22. Tongeschlecht
23. leise
24. Singgemeinschaft
25. Orchesterwerk

Rätsellösung

WEKA

Bitte hier Ihre Anschrift eintragen!
□ Privatadresse oder □ Institution

Name

Straße

PLZ/ Ort

Kunden-Nr.

Telefonnummer

WEKA MEDIA GmbH & Co.KG
Auftragserfassung
Römerstrasse 4

86438 Kissing

Bestellformular

Für die genannten Themenbände gilt: nur solange Vorrat reicht!
(Alle Preise verstehen sich inkl. MwSt., zzgl. Versand)

Anzahl	Titel	Seiten, Medien	Bestell-Nr.	Preis
	A Cappella mit Hörbeispielen	112 Seiten, 1 CD-ROM	6902	63,00 Euro
	Musik und Malerei mit Farbfolien und Folienvorlagen	100 Seiten, 2 Folien, 1 CD	6903	63,00 Euro
	Musik als Spiel mit vielen Chorsätzen und Arrangements	120 Seiten, 1 CD-ROM	6904	63,00 Euro
	Original und Bearbeitung mit MIDI-Files, Software und Hörbeispielen	79 Seiten, 1 CD-ROM	6905	63,00 Euro
	Das Instrumentarium des Sinfonieorchesters	104 Seiten, 2 Folien, 1 CD	6906	63,00 Euro
	Songwriting, Videodreh, Backstage: die „Wise Guys" in Nahaufnahme	128 Seiten, 1 CD-ROM	6907	63,00 Euro
	Musik in Film und Video mit Filmsequenzen und Video-Clips	93 Seiten, 1 CD-ROM	6908	63,00 Euro
	Komponistenportraits	124 Seiten, 2 Folien, 1 CD	6929	63,00 Euro
	Musik und Glaube – religiöse Botschaften von Romantik bis Rap	102 Seiten, 1 Musik-CD	6933	63,00 Euro
	Klang – Bild - Bewegung – fächerübergreifende Unterrichtsideen	120 Seiten, 2 Folien, 1 CD	6934	63,00 Euro
	Neue Musik – Klangwelten abseits der Pop-Charts	120 Seiten, 1 CD	6936	63,00 Euro
	Mit Lied und Spiel durch den Schulalltag	106 Seiten, 1 CD	6937	63,00 Euro

WAN: 21951059

Bei Bestellung bitte hier unterschreiben:

Datum und Unterschrift

Schneller geht`s per FAX: 0 82 33/ 23 74 40